バスケットボール
必勝戦術 バイブル

筑波大学バスケットボール部監督　**吉田健司** 監修

メイツ出版

はじめに

　この本では、無数にあるバスケット戦術のなかから、実戦的なパターンを紹介しています。いきなり難しいプレーをするのは不可能ですので、まずセオリーを理解することが大切です。レベルアップを目指すなかでそれらを応用すれば、チーム力を高めることができます。

　戦術のベースとしているのはカットです。難しい判断を必要としない単純なプレーですので、比較的簡単に身につけることができるでしょう。まずはカットで相手ディフェンスを出し抜けるように、練習してください。カットでフリーをつくる方法がわかれば、それにドリブルをプラスする戦術もマスターできます。

　レベルがあがると、カットとドリブルだ

　けでは相手チームのディフェンスを崩すのが難しくなるので、次の段階としてスクリーンとポストを組み込んだ戦術に取り組んでください。複雑なプレーが必要になりますが、マスターできれば強力な武器となります。また並行して、ディフェンスシステムの練習にも力を入れて、スキのないチームづくりをしましょう。

　戦術を意識して練習すると、判断力が向上します。これはバスケットにおいて極めて重要な、より有効なプレーを素早く選択する能力です。高めることで選手としてのレベルアップに直結しますので、戦術の研究に力を注ぎましょう。この本がその手助けになれば幸いです。

筑波大学バスケットボール部監督

吉田 健司

この本の使い方

この本では、バスケットの戦術を身につけてチーム力を高めるためのコツを50紹介しています。ファーストブレイクとセカンダリーブレイクの速攻戦術から、現代バスケットで主流となっているモーションオフェンスのパターン、ディフェンスシステムまで、セオリーを一通り網羅しています。

最初から読み進めることが理想ですが、特に自分が気になる、もしくはチームに必要だから知りたいという項目があれば、そこだけピックアップしてマスターすることも可能です。

各ページには、コツをマスターするために必要なPOINTが3つあげられています。また、メンバーが連動するチーム戦術を図解で解説しているので、複雑なプレーでも一目で理解することができます。皆さんの理解を深めるための助けにしてください。

CHECK POINT!
コツをマスターするためのポイントを3つ紹介している。練習する際には、常に意識しよう。

タイトル
このページでマスターするコツと、テクニックの名前などが一目でわかるようになっている。

PART 2　カット①
コツ05　2人のパス交換でインサイドに侵入する

CHECK POINT!
1. パス&カットからリターンパス
2. ディフェンスの前に走り込む
3. ウィングはV字の動作をする

スピードのあるパス&カットでスペースをつく

ボールを持つガードが、ウィングにパスを出し、それと同時にカットする。このとき、ボールに対してマークについているディフェンスより前に出るフロントカットをすることで、リターンパスを受けられる。ポイントは、スピードを持ってカットすること。**攻撃のスタートとなる形なので、素早く攻め込みたい。スピ**ードがないと、その後の展開まうので注意が必要だ。ディ焦って追ってくるほどのスピると、うまく引きつけること同時に周りのメンバーも動きットによってできたスペース特に逆サイドのコーナーは空で、ワイドにポジションをと

POINT
タイトルとCHECK POINT!に連動して、コツをマスターするためのポイントを写真と図解を使ってわかりやすく解説する。

図解の見方例

- ①③⑤ 選手（赤はボールマン／白はディフェンス）
- 〰〰➤ ドリブルの動き
- ┅┅➤ ボールの動き
- ──➤ ボールを持たない選手の動き

POINT ❶ パスと同時にカットしてリターンを受ける

ボールサイドの2人で展開する形。ガードがパス&カットでタテに走り込み、ウィングからのリターンを受ける。シュートに持ち込めるのが理想だが、シンプルな形なので簡単には打てない。オフェンスの入りとして、スペースをつくることを目的にしかけよう。

POINT ❷ フロントカットでゴールへ走り込む

マークにつくディフェンスとボールを間のコースにカットして、パスを受ける。これをフロントカットという。成功させるためには、ボールを出すと同時に動き出す素早いパス&カットが求められる。先手をとるプレーで、ディフェンスを引きつけよう。

POINT ❸ ウィングはVカットでパスを受ける

ウィングの選手は、ボールを受けるためにVカットをする。インサイドに入って自分をマークするディフェンスの前に足を踏み込み、即座にアウトサイドに戻る。このV字を描く動作によって、ディフェンスとの距離が広がりパスを受けやすくなる。

+1 プラスワン アドバイス
シュートを打てなかったらコーナーにパスを出す

リターンパスを受けたときにヘルプにつかれたら、シュートできないのでパスに切り替える。2人をボールマンが引きつけているので、フリーの味方にパスすればシュートを打てる。コーナーが狙い目になるので、ワイドに展開しよう。

プラスワンアドバイス
マスターするためのコツや戦術の詳しい知識、ポイントをアドバイスする。

CONTENTS

※本書は2013年発行の『試合で勝つ！バスケットボール　究極の戦術』を元に加筆・修正を行っています。

はじめに …………………………………………………………… 2
この本の使い方 …………………………………………………… 4

PART 1　戦術の重要性 …………………………………………… 9
01 チームルールを決めて判断力を高める ………………………… 10
02 速攻で1対0の状況をつくり出す ……………………………… 16
03 余裕のないディフェンスのスキをつく ………………………… 18
04 5人の連動でディフェンスを崩す ……………………………… 20
05 ポジションを理解してオールラウンダーを目指す …………… 22

PART 2　4アウト1イン オフェンス …………………………… 24
4アウト1インの特性 ……………………………………………… 25
05 2人のパス交換でインサイドに侵入する ……………………… 26
06 カットに合わせられなかったらトップに戻す ………………… 28
07 パスでマークを離してしかける ………………………………… 30
08 ヘルプサイドに展開してパス＆カット ………………………… 32
09 中央のパス交換でインサイドに切り込む ……………………… 34
10 カットでスペースをつくりドライブする ……………………… 36
11 ベースラインドライブでフリーをつくる ……………………… 38
12 ドライブからボールサイドでチャンスをつくる ……………… 40
13 ミドルドライブでディフェンスを引きつける ………………… 42

- 14 外にポジションをとってドライブに合わせる …… 44
- 15 コーナーを意識してタテにドライブする …… 46
- 16 ウィングに開いてミドルドライブに合わせる …… 48
- 17 横パスを出してダウンスクリーンをかける …… 50
- 18 フレアスクリーンでサイドに開く …… 52
- 19 ウィングとポストの関係でゴールを狙う …… 54
- 20 インサイドにスペースをつくり1対1をする …… 56

PART 3　3アウト2イン オフェンス …… 58

3アウト2インの特性 …… 59
- 21 トップからのフロントカットで攻撃を始める …… 60
- 22 トップに入ってボールを受け攻撃をしかける …… 62
- 23 サイドチェンジで1対1の状況をつくる …… 64
- 24 トップからしかけてインサイドでフリーをつくる …… 66
- 25 ボールサイドに引きつけてパスを出す …… 68
- 26 インからアウトへの展開で外からシュートを打つ …… 70
- 27 両ウィングがスタックでフリーになる …… 72
- 28 スウィングプレーで決定的なチャンスをつくる …… 74
- 29 ヘルプサイドでスペースをつくり突破する …… 76
- 30 ボールサイドをカットで空けて1対1 …… 78
- 31 ハイポストに横パスしてインサイドに展開 …… 80
- 32 ポストのハイロープレーでシュートする …… 82

PART 4　5アウト オフェンス　…… 84
5アウトの特性　…… 85
- 33 ポップアウトでつくったスペースにカット　…… 86
- 34 コーナーからのパスでインサイドに侵入する　…… 88
- 35 2回のカットでスペースをつくり1対1をしかける　…… 90
- 36 ディフェンスを押し込んでトップから攻撃する　…… 92
- 37 タテのドライブにコーナーで合わせる　…… 94
- 38 ウィングから突破し逆サイドにパスを通す　…… 96
- 39 ドライブに合わせてコーナーからバックカットする　…… 98
- 40 コーナーからのあがりをスクリーンでサポート　…… 100
- 41 ディフェンスを引き出してゴール下にドライブ　…… 102
- 42 ドリブルスクリーンでトップから攻める　…… 104

PART 5　ディフェンスシステム　…… 106
ディフェンスシステムの重要性　…… 107
- 43 フロントコートでそれぞれがマークにつく　…… 108
- 44 バックコートからプレッシャーをかける　…… 110
- 45 ゴール下に3人並べてインサイドを固める　…… 112
- 46 前の3人がアウトサイドにプレッシャーをかける　…… 114
- 47 ファーストパスからダブルチームで追い詰める　…… 116
- 48 ドライブを2人ではさんでパスカットする　…… 118
- 49 バックコートをゾーンで守りボールを奪う　…… 120
- 50 2列目からあがってインターセプトする　…… 122

おわりに　…… 124

PART 1
戦術の重要性

PART 1 バスケット戦術のセオリー

コツ 01 チームルールを決めて判断力を高める

バスケットボールでゴールを奪うためには、ノーマークをつくり出すことがポイントになる。しかし敵味方合わせてコート内に10人もの選手が入るため、スペースはほとんどない。そこで必要になるのがチーム戦術だ。チームで連動してディフェンスシステムを崩すためには、どう動くべきか。セオリーを理解して、試合で最善のプレーを選択できる選手へと成長しよう！

得点しやすい状況を戦術でつくり出す

　バスケットのオフェンス戦術で1番に考えなくていけないのは、ボールを保持する**ボールマンがゴールに対して1対0、あるいはスペースがあるなかでの1対1の状況をつくること**です。「イージーにシュートを打つ」ことが、戦術のセオリーなのです。そのために必要になるのが、ボールを持たない選手が走り込むカットや、ディフェンスの動きを制限するスクリーンといったノーマークをつくるプレーです。

　しかしこれらは、パスやドリブルといった基本的な技術が、備わっていてはじめて可能になります。戦術はしっかりとした技術の上で、成り立つことを忘れないようにしてください。

戦術を使って1対1、1対0の
シュートチャンスをつくる。

プレーと判断のスピードでマークを外す

　プレーする上で、こだわらなくてはいけないのがスピードです。ディフェンスを出し抜き、追い抜いてノーマークをつくるためには、ゆっくりではいけません。相手が追いきれないほどの速さが必要ですし、またそのスピードを活かすためにはチェンジオブペース、緩急を使ったプレーも要求されます。

　そして、何よりもスピードにこだわらなくてはいけないのが「判断」です。いくら速く動けたとしても、それがゴールに向かう最善の動きでなかったら効果はありません。**ボールをもらったときに、ディフェンスの状態やノーマークの味方の位置など状況を把握し、ベストな判断ができれば、ゴールに直結するプレーを選択できます。これはボールを持たない選手も同様です。**ボールマンの動きや自分をマークするディフェンスを見ながら、より有効な動きをする必要があります。

素早い判断がディフェンスを
突破するために要求される。

チームの決まりごとを設定した上で、それぞれが最善のプレーを選択する。

5人が連動するために ルールをつくって意思統一する

チーム全員がゴールにつながる判断をするためには、5人の意思統一が求められます。そのために重要になるのがチームの「ルール」です。プレーに決まりごとがあれば、同じ狙いを持って連動することができるのです。

しかし、難しいルールをいくつもこなすのは至難の技。これからチームをつくるという段階では、シンプルなルールから徐々に増やしていく方法がベストです。**まず最初に決めるべきルールは「パス＆カット」です。パスをしたらカットしてノーマークになる、というのはバスケットの最も基本的な動きとなります。**

次に、「ドリブル合わせ」です。カットしても、デイフェンスにつかれてシュートが打てない場面は多くあります。しかしスペースができるので、ドライブをしかけられます。ドライブするとディフェンスは2人がかりでとめにくるので、オフェンスが1人ノーマークになります。その選手がスペースに飛び込むことで、イージーにシュートできる状況をつくり出せるのです。**このボールを持たない選手のドリブルに連動する動きを「ドリブル合わせ」といいます。**

「パス＆カット」と「ドリブル合わせ」この2つのルールだけで、戦術をつくることは充分に可能です。まずはこれらをマスターし、そこからスクリーンやポストプレーを加えて、徐々にチームのルールを増やしていきましょう。レベルを段階的にあげていくことで、効率的にチーム力を高めていくことができます。

現代のバスケットの主流は モーションオフェンス

このようにして、**チームのルールのなかで各選手がそれぞれ判断してゴールに向かっていく攻撃法を「モーションオフェンス」**といい、現代のバスケットの主流となっています。

かつては、それぞれが決まった動きをして攻める「パターンオフェンス」という戦術で攻めるチームがほとんどでした。しかしセットプレーともいえる決まった動きをする攻撃の性質上、相手チームにスカウティングされると、容易にディフェンスを固められてしまうというデメリットが浮き彫りになり、一度とめられてもその次の一手を打てるモーションオフェンスが台頭したのです。

しかし、パターンオフェンスが全く通用しない戦術というわけではありません。確かにモーションオフェンスは、ディフェンスが狙いを捉えきれない予測不能の攻撃です。しかしそれは5人の判断が合致したときだけの話で、メンバーの意思がバラバラになっている状況ではパターンオフェンスが有効になる場合もあります。リズムを変えたい場面では、あえてセットされた攻撃をしかけて打開をはかるのも良いでしょう。**1試合通じてモーションオフェンスのみで勝負するのではなく、パターンオフェンスをいくつか持っておくことをオススメします。**

また、チームの意思統一をはかるために、パターンオフェンスを練習に組み込むのも手です。モーションオフェンスを中心に、パターンオフェンスにも取り組んでチーム力を高めてください。

モーションとパターン、2つの方法でオフェンスできるとチーム力があがる。

ボールマンを追い込むディフェンスがセオリー

　ディフェンスでは、オフェンスのように複雑なルールを決める必要はありません。**考えるべきは、ボールマンにプレッシャーをかけてコーナーやサイドラインに追い込むことです。**そしてヘルプとポジションのローテーションで、ボールマンについている味方をカバーしつつ、相手の選択肢を消していきます。

　守備の狙いはチームによって変わりますが、基本的には時間をかけさせてオフェンスタイムを削る戦術をとりましょう。これによって相手が焦って無茶なプレーをして、インターセプトできることもあります。強引に奪いにいくと、かわされてピンチを招くので注意してください。逆境の場面でない限り、ディフェンスではリスクを避けることが原則です。

　ディフェンスにはマンツーマンやゾーンなどさまざまなシステムがありますが、それらを試合のなかでうまく切り替えられると、より効果的なディフェンスが可能になります。システムの移行については監督が判断しますが、実際に切り替えるのは選手たちです。どのタイミングで切り替えるのかを、チームで事前に決めておかなくてはいけません。**流れのなかでシステムを替えるのは難しいので、フリースロー後やデッドボールといった試合がとまっている時間や、ディフェンス側に余裕があるときに行いましょう。**

プレーヤーとして成長するメンタルを身につける

　上達するためには、メンタルが非常に大切です。まず必要になるのが、貪欲にレベルアップしようとするメンタルです。バスケットは知識が多ければそれだけプレーの選択肢が広がるスポーツです。知識を身につけることをいとわずに、努力し続けることができれば、コートで優れたプレーを繰り出せるプレーヤーへと成長していけるのです。

　そして2つ目に、チームメイトを常に気にして、プレーを合わせるメンタルも大切です。マイケル・ジョーダンがあれだけ偉大になったのは、1対1はもちろん、優れたパスを出すことができたからです。どんなに技術があって1対1に強くても、ヘルプディフェンスで2人につかれたらとめられてしまいます。しかし**パスができれば、ディフェンスも簡単にはヘルプにいけません。人を活かすプレーを磨くことが、結果的に1対1に勝利することにもつながるのです。**利己的なプレーではなく、チーム全員で突破していくバスケットを目指してください。

戦術を1対1にフィードバック。

CHECK POINT!

1. イージーにシュートを打てる状況をつくり出す
2. チーム全員が最善の判断を速く行うことでゴールにつながる
3. 1番最初に加えるべきチームルールはパス&カット
4. ボールマンがドライブをしかけたら周りもその動きに合わせる
5. メンバーそれぞれが各自の判断で動いて攻撃する
6. 動きの決まった攻撃パターンをいくつか用意しておく
7. ボールマンをミスに追い込むことがディフェンスのセオリー
8. ディフェンスシステムは試合が止まっているときに切り替える
9. 貪欲にレベルアップを目指すメンタルが上達につながる
10. 人を活かすプレーができると1対1で有利になる

PART 1　ファーストブレイク

コツ 02　速攻で1対0の状況をつくり出す

CHECK POINT！
1. スピードに乗って攻撃に転じる
2. 確実なシュートで得点する
3. インターセプトからの速攻が効果的

マイボールになった瞬間に攻撃をしかける

　ファーストブレイクとは、いわゆる「速攻」のオフェンス。**かなりの高確率で得点できる、ゴールとボールマンとの1対0の状況を最もつくりやすい戦術だ。**そのためチーム戦術では、まずファーストブレイクをいかにしかけるかを考えるべき。方法としては、マイボールになった瞬間に相手ゴールへとチーム全員でボールを運ぶ。1回のロングパスで通すこともあるし、ショートやミドルのパスをつないで運ぶこともできる。

　有効な攻撃であるものの、相手チームに予測されるのでファーストブレイクの成功率は決して高くない。ゴールを奪うためには、チーム全体で攻守の切り替えを素早く行うことが重要になる。

POINT 1 素早く攻守を切り替え全員で走り込む

ファーストブレイクをしかける際には、マイボールになった瞬間にチーム全員で相手ゴールに走り込む。アウトサイドの選手がサイドから切り込み、パスを受けることが多い。得点するためには、すばやい攻守の切り替えでディフェンスを置き去りにする必要がある。

POINT 2 レイアップシュートで確実にゴールを奪う

パスを受けたら、レイアップシュートでゴールを奪う。ゴールに対してディフェンスのいない1対0の状況なので、確実に得点する。ランニングシュートであるため、ファーストブレイクのスピードを落とすことなくゴールを狙えるメリットもある。

POINT 3 インターセプトからの速攻が最も効果的

インターセプトからしかけると成功しやすい。デッドボールや失点後のファーストブレイクは予測されてしまうが、相手のオフェンス中にボールを奪えば、準備ができていないところを攻撃できる。その次に成功率が高いのが、ディフェンスリバウンドからの速攻だ。

+1 プラスワン アドバイス
速攻主体の戦術を組むためには走りきる体力が必要

ファーストブレイクを戦術の中心に置くと、効率的に得点できる。いわゆるラン&ガンのスタイルだ。しかしそのためには、一試合を走りきる体力が必要。また、スタミナが切れた選手を入れ替えてもチーム力が落ちない選手層も求められる。

PART 1 セカンダリーブレイク

余裕のないディフェンスのスキをつく

CHECK POINT!
1. 戻られた状況からしかける2次速攻
2. ポジションについたらすぐしかける
3. あらかじめ動きを決めておく

 ### 間髪入れずに攻撃をしかけるスピードが重要

　ファーストブレイクをしかけたものの、相手チームの戻りが速く、シュートを打てなかった場面でしかけるのがセカンダリーブレイクだ。2次速攻ともいわれるオフェンス戦術で、ファーストブレイクから間髪入れずにしかけることがポイント。ディフェンスがゴール前に入って、**5対5の人数的にはイーブンな状況であるが、戻ってきたばかりで余裕がない。そこをファーストブレイクの勢いを落とさずに攻め込めば、ゴールを狙える。**

　攻め方としては、パターンオフェンスに近い、動きのある程度決まった攻撃をしかけると良い。スピードが重要になるので、セットプレーが有効なのだ。ディフェンスのスキをついて攻め込もう。

POINT 1 ファーストブレイクで相手に戻られた状況での攻撃

セカンダリーブレイクは、ファーストブレイクができなかった場合の戦術。5対5の状況とはいえ、ゆっくりとフロントコート（ディフェンス側のゴールがあるハーフコート）に入るモーションオフェンスとは異なり、余裕のないディフェンスのスキをつくことができる。

POINT 2 フロントコートでポジションについたらすぐにしかける

速攻は通常、アウトサイドの2人が最初に走り込み、次にインサイドの選手が追う。そしてポイントガードがボールを運び、最後にファーストパスを出した選手がフロントコートに入る。全員がポジションについたら、セカンダリーブレイクをしかける。

POINT 3 パターンオフェンスに近い攻撃を速く行う

セカンダリーブレイクは、パターンオフェンスで攻め込む。ディフェンスのスキをつくためにはスピードが重要になるので、あらかじめ動きを決めておき、相手が反応できないうちに勝負を決める。無駄のないプレーで、ノーマークをつくり出そう。

+1 プラスワン アドバイス
ウィングから攻撃をスタートできる

ファーストブレイクからの流れで行う攻撃なので、先頭を走るアウトサイドの選手が、ゴールから45度のウィングポジションでボールを受けられる。ウィングはプレーの選択肢が豊富な位置なので、ボールが入ると攻めやすくなる。

PART 1　モーションオフェンス

5人の連動で
ディフェンスを崩す

CHECK POINT!
1. ポジションについてからしかける
2. 5人が各自の判断でプレーする
3. ポジションをローテーションする

 最善のプレーを選択してスペースをつくり攻める

　モーションオフェンスはメンバーそれぞれが自由に動いて、ゴールを狙う戦術。ファーストブレイク、セカンダリーブレイクと攻めても得点できなかった場合や、ファーストブレイク直後に移行する場合、バックコート（オフェンス側のゴールがあるハーフコート）からゆっくり運んで攻め込む場合などがある。

　相手のディフェンスが整っている状態をいかに崩すかがポイントで、そのためにはチームの連動が必要不可欠になる。**カットやドリブルといったプレーを繰り出しながら、ポジションをローテーションしてスペースをつく**のがセオリーだ。チームで意思統一して、最善の判断をすることが成功のカギを握る。

POINT 1 全員がポジションについている状態からスタート

モーションオフェンスはボールをフロントコートに運び、メンバー全員がそれぞれのポジションについたところからスタートする。フォーメーションには4アウト1イン、3アウト2イン、5アウトなどさまざまあり、メンバーや戦術の狙いによって決める。

POINT 2 それぞれの判断で動きディフェンスを突破する

各自の判断でプレーしてゴールを目指すが、個人の突破のみでは崩せない。カットやドリブル、スクリーン、ポストプレーなどでノーマークをつくり出す。流れるようにプレーするためにはある程度、チームの決まりごと、「ルール」を決める必要がある。

POINT 3 ローテーションしてマークのズレをつくる

適度な距離をキープするポジショニングが大切で、1人がカットしたら、ローテーションしてそのポジションを埋める。ボールまわしと同じ方向に、回転することが原則だ。常にポジションを変えながらプレーすることで、ディフェンスのマークにズレをつくる。

+1 プラスワン アドバイス
ボールサイドとヘルプサイドでバランスをとる

ハーフコートをタテに割って、ボールがある方をボールサイド、ない方をヘルプサイドという。ボールサイド3人（もしくは2人）、ヘルプサイド2人（もしくは3人）という構成が基本で、自由に動きながらもこのバランスを保ち続けることが、ノーマークをつくるポイント。

PART 1 各ポジションの役割

ポジションを理解してオールラウンダーを目指す

CHECK POINT!
1. ポジションの番号を知る
2. アウトサイドのポジション
3. インサイドのポジション

ポジションは5つありそれぞれ異なる特性を持つ

　バスケットには、ボールを運びチームをコントロールする司令塔の役割を担うポイントガード、ポイントガードをサポートしながらアウトサイドからのシュートを狙うシューティングガード、アウトサイドを主戦場としながらもインサイドにも侵入して突破するスモールフォワード、インサイドで体を張りシュートを狙うパワーフォワード、ゴール下でポストとしてチームを牽引するセンターという5つのポジションがある。

　それぞれに異なる特性があるが、必ずしもこれらに合致する選手5人で構成しなくても良い。 チームによって求められる選手は異なるので、戦術を遂行できるベストの布陣で勝負する。

POINT ① ポジションの番号 1から5番で呼ばれる

各ポジションは名称よりも、番号で呼ばれることが多い。ポイントガードは1、シューティングガードは2、スモールフォワードは3、パワーフォワードは4、センターは5。しかし番号通りのポジションの役割をする必要はなく、チームによって構成は異なる。

POINT ② アウトサイドから突破を目指す3つのポジション

ポイントガードとシューティングガード、スモールフォワードは、主にアウトサイドからインサイドに、ドライブやカットで切り込んでゴールに向かうポジション。また、アウトサイドから打つことも多いので、スリーポイントシュートを磨いておきたい。

POINT ③ インサイドで体を張るパワーフォワードとセンター

パワーフォワードとセンターは、主にインサイドでプレーするポジション。ゴール下からのシュートやリバウンドをする場面が多いので、高さとパワーが求められる。また、フックシュートやジャンプシュートなど、ミドルレンジからゴールを狙う能力も必要。

+1 プラスワン アドバイス
オールラウンダーの選手が重宝される

現代のバスケットでは、ポジションそれぞれに役割がありながらも、パワーフォワードでありながら外からシュートが打てるなど、オプションのプレーができる選手が重宝される。さまざまな技術を持つ、オールラウンダーが求められるのだ。

PART 2
4アウト1イン オフェンス

4アウト1インの特性

アウトサイドに4人が立ちパスとカットで展開

　4アウト1インは、2ガード2ウィングでアウトサイドにポジションをとり、最後の1人がインサイドに入ってポストを担う布陣。アウトサイドに4人もの選手がいるため、ショートパスを回しやすいメリットがある。その一方で、スペースがないのでドライブをしかけづらいのが難点。

　そのためディフェンスを突破する際には、カットでインサイドに切り込み、パスを通す方法が効果的。ディフェンスとの間に空間をつくって1対1になれば、シュートチャンスが生まれる。カットによってインサイドにディフェンスが集中したところを、アウトサイドにボールを展開してシュートを狙うのも有効だ。またインサイドにスペースがあるため、ポストでしかける1対1も強調される布陣といえる。

PART 2 カット①

2人のパス交換でインサイドに侵入する

CHECK POINT!
1. パス&カットからリターンパス
2. ディフェンスの前に走り込む
3. ウィングはV字の動作をする

 スピードのあるパス&カットでスペースをつくる

　ボールを持つガードが、ウィングにパスを出し、それと同時にカットする。このとき、ボールに対してマークについているディフェンスより前に出るフロントカットをすることで、リターンパスを受けられる。ポイントは、スピードを持ってカットすること。**攻撃のスタートとなる形なので、素早く攻め込みたい。スピードがないと、その後の展開が遅れてしまうので注意が必要だ。**ディフェンスが焦って追ってくるほどのスピードを出せると、うまく引きつけることができる。

　同時に周りのメンバーも動き出して、カットによってできたスペースを活かす。特に逆サイドのコーナーは空きやすいので、ワイドにポジションをとる。

POINT 1 パスと同時にカットして リターンを受ける

ボールサイドの2人で展開する形。①がパス&カットでタテに走り込み、ウィングからのリターンを受ける。シュートに持ち込めるのが理想だが、シンプルな形なので簡単には打てない。オフェンスの入りとして、スペースをつくることを目的にしかけよう。

POINT 2 フロントカットで ゴールへ走り込む

マークにつくディフェンスとボールを間のコースにカットして、パスを受ける。これをフロントカットという。成功させるためには、ボールを出すと同時に動き出す素早いパス&カットが求められる。先手をとるプレーで、ディフェンスを引きつけよう。

POINT 3 ウィングはVカットで パスを受ける

ウィングの選手は、ボールを受けるためにVカットをする。インサイドに入って自分をマークするディフェンスの前に足を踏み込み、即座にアウトサイドに戻る。このV字を描く動作によって、ディフェンスとの距離が広がりパスを受けやすくなる。

+1 プラスワン アドバイス
シュートを打てなかったら コーナーにパスを出す

リターンパスを受けたときにヘルプにつかれたら、シュートできないのでパスに切り替える。2人をボールマンが引きつけているので、フリーの味方にパスすればシュートを打てる。コーナーが狙い目になるので、ワイドに展開しよう。

PART 2 カット②

カットに合わせられなかったら トップに戻す

CHECK POINT!
1. カットによって空いた位置に入る
2. パスを体の正面で受ける
3. ディフェンスが寄ってきたらバックカット

アウトサイドで回して別の展開に切り替える

　パス&カットした選手へのリターンパスは、ウィングの選手がディフェンスに寄られてしまうと出せない。その場合には、もう1人のガードの選手がそのポジションを埋めてパスを受ける。**スリーポイントライン上を回すようにパスして、受け手は体の正面でミート（ボールを受ける）する**ことがポイント。

　その後の展開としては、ボールサイドのトップポジション（ゴール正面、スリーポイントライン外側の位置）からの1対1は非常に難しいので、パスが安全だ。しかし、ディフェンスが距離をつめてきた場合には、背後をつくバックカットでインサイドに侵入し、シュートチャンスをつくることもできる。

POINT 1 もう1人のガードがポジションに入ってパスを受ける

ウィングの②がディフェンスに近づいてしまい、ディナイなどでパスコースを消され、インサイドにカットした①へパスを通せない場合がある。そのときには、2ガードのもう一方の選手がカットによって空いたポジションに入り、パスを受ける。

POINT 2 体の正面でボールミートする

パスを受けるガードの選手は、スリーポイントラインの外側をボールサイドへ移動しながら、体の正面でボールをミートする。パスの出し手と相対して、直線的にパスをつなぐイメージだ。この展開を素早く行えると、マークにズレをつくりやすくなる。

POINT 3 オーバーディフェンスの背後をつく

間合いをつめるオーバーディフェンスで対応してきた場合には、バックカットで背後をつく。ディフェンスが体を寄せてくることによって、インサイドにスペースが生まれるので、タテのカットに切り替えてパスを受ける。スピードそのままに、ゴールを目指そう。

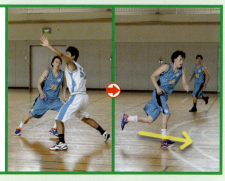

+1 プラスワン アドバイス
ボールサイドでの1対1は難しい

ディフェンスが3人いるボールサイドで、トップポジションから1対1をしかけるのは難しい。あえてセオリーを崩してしかけるのであれば、比較的スペースのあるミドルドライブ（フリースローライン方向へのドリブル）が有効だ。

PART 2　カット③

パスでマークを離してしかける

CHECK POINT!
1. サイドチェンジで有利な状況をつくる
2. ローテーションでトップに移動
3. チャンスを活かす判断を瞬時に行う

 ヘルプサイドへと2回のパスで展開する

　ボールサイドのガードがパス&カットして逆サイドのコーナーへ流れて、ウィングがポジションを埋めたもう1人のガードへパスをつないだ状況。ヘルプサイドのウィングもガードと同じようにローテーションしてトップポジションに入り、ボールサイドからパスを受ける。

　このサイドチェンジを素早く行えると、**ディフェンスとボールマンの間に大きな距離ができるため、シュートやドライブをしかけやすい状況をつくれる。**パスを受けたら、ディフェンスの重心が前に振られて崩れているところを、すぐにしかけることがポイント。間合いをはかって、瞬時にプレーを選択する必要があるので、判断力が要求される。

POINT 1 素早いサイドチェンジでしかけやすい状況をつくる

ボールサイドのウィング②からトップ④、ヘルプサイドのトップ③と2回のパスでサイドチェンジする。この展開をすばやく行えると、ボールマンとディフェンスの間に距離が生まれしかけやすくなる。アウトサイドに人数を割く、4アウト1インの特徴を活かす攻撃だ。

POINT 2 ヘルプサイドのウィングからトップへ移動してパスを受ける

ガードの移動に合わせてウィングからあがり、サイドチェンジのパスを受ける。マークにつくディフェンスは、ヘルプサイドからボールサイドへと振られるので、ボールに追いつけず適切な間合いで守れない。さらに重心も崩れているので、しかけに対応しづらい。

POINT 3 次のプレーを瞬時に判断 優先順位はシュートが上位

有利な状況なので、ボールマンはゴールに直結するプレーを瞬時に判断する。ディフェンスとの距離を活かして、シュートを打つのが優先順位1番だ。しかしパス回しが遅れたりディフェンスが優秀だと、間合いをつめられるので、その場合はドライブを選択する。

+1 プラスワン アドバイス
クローズ・アウトしながらの守備は対応が難しい

ディフェンスにとって最も難しいのは、クローズ・アウトというボールマンに直線的に近づく動作をしながらの守りだ。間合いを詰めようと前に出たところを、ワキをすり抜けるようにドライブすれば、ディフェンスは対応できない。

PART 2　カット④

ヘルプサイドに展開して パス＆カット

CHECK POINT！
1. 逆サイドのウィングにパスを回す
2. コーナーまでワイドに走り抜ける
3. フロントカットしリターンを受ける

🏀 サイドチェンジから再びパス＆カットをトライする

　パス＆カットでオフェンスに入り、インサイドにリターンパスを通せなかったらサイドチェンジして、逆サイドのウィングにつなげる。このときのウィングは、最初のカットでヘルプサイドに移動し、ローテーションでウィングのポジションに入ったガードだ。**ウィングへのパスと同時にトップの選手がカットすれば、スタートに近い形で再び攻め込める。**

　ポイントになるのは、ウィングにあがるタイミング。カットからすぐにあがると、せっかく引きつけたディフェンスもあがってしまい、スペースがなくなってドライブを選択できなくなる。ワイドに広がる意識で、コーナーまで走り抜けるカットをすることが大切だ。

POINT 1 カットして逆サイドの ウィングにあがったガードにつなぐ

ボールサイドからタテにカットして、コーナーからウィングにあがった①へ、スリーポイントラインに沿うようにショートパスをつなげてボールを回す。これによってオフェンスのスタートと近い形を逆サイドをつくることができ、再びトライできる。

POINT 2 逆サイドのコーナーまで ワイドにカットする

最初のカットでガードは、逆サイドのコーナーまで走り抜けてディフェンスをひきつける。人数の少ないヘルプサイドにおいては、優先順位はドライブ合わせ→パスとなるため、スペースをつくる必要があるのだ。トップの選手はまず、カットでしかけることを意識する。

POINT 3 ドライブできなかったら パス&カットで突破する

ディフェンスの反応が良くトップで有利な状況をつくれなかったら、サイドチェンジと同時にウィングにあがったガードへパスを出す。同時にフロントカットし、リターンパスを受ける。カット①(P26)に似たプレーだが、流れのなかで行うのでVカットは不要。

+1 プラスワン アドバイス
現代のバスケットでは ドライブのスペースが突破のカギ

かつてはコーナーに流れた選手がすぐにウィングにあがって、パスをつなぐ方法が主流であった。しかし現代はドライブに長けた選手が多くいるため、スペースをつくることが重要。ディフェンスをヘルプに行かせないポジションへのカットを意識しよう。

PART **2** カット⑤

中央のパス交換で
インサイドに切り込む

CHECK POINT!
1. サイドチェンジから中央を突破
2. 1対1できるか状況を見て判断する
3. ディフェンスの背後のスペースをつく

1対1を封じられたらカットで背後をついて突破する

　パス&カットからのサイドチェンジで、ヘルプサイドのウィングがあがってパスを受けた場面。シュートかドライブでゴールを狙えるチャンスだ。しかし、ディフェンスの対応が早いとアタックをしかけられないので、その場合にはカットで新しいチャンスをつくる。

　このパターンでは、**逆サイドにパスを出した選手が、出すと同時にカットしてインサイドへとタテに走り込む**。カットに反応してリターンパスを通せば、ディフェンスの裏にあるスペースをつくことができるので、そのままランニングシュートに持ち込める。トップスピードを発揮してゴールへと直線的に進み、最短距離で得点を目指そう。

POINT 1 逆サイドに展開したところからカットで中央を突破する

①がボールサイドのトップからカットして攻撃を開始し、ポジションをローテーションしながら、2本のパスでサイドチェンジする。2本目のパスを出した④がパス&カットして、トップの位置からゴールへと進む。リターンパスを出せばチャンスになる。

POINT 2 ディフェンスがボールマンに強くつく状況を見て判断

サイドチェンジはアタックをしかけるチャンスだが、ディフェンスに間合いをつめられて1対1ができない場合も多い。2本目のパスを出した瞬間に状況把握し、ボールマンが勝負できないと判断したらフロントカットする。タイミングが遅れないように注意。

POINT 3 ディフェンスの裏をついてリターンパスを受ける

1対1ができないということはすなわち、間合いをつめて守っているということ。これは、そのディフェンスの裏に大きなスペースができているということでもある。背後をつく意識で直線的に走り込み、リターンパスを受ければ決定的なチャンスをつくることができる。

+1 プラスワン アドバイス
優先順位はシュートだがポストを使うのも手

パスを受けたら、ランニングシュートに持ち込む。スピードに乗っている状態なので、相手センターをかわしてゴールを狙おう。しかし対応が速くコースを切られた場合には、ポストにパスするのも有効。1対0の状況でシュートを打てる。

PART 2　カット⑥

コツ 10　カットでスペースをつくりドライブする

CHECK POINT!
1. ウィングからトップに移動する
2. 素早い動作でフリーになる
3. ドリブルで抜く方向を判断する

 カットでスペースをつくりドライブする

　サイドチェンジから中央にカットする選手にリターンパスを回せなかったら、同じサイドのウィングがそのポジションに入って横パスを受ける。サイドチェンジから、再びボールを戻してしかける形だ。カットによりディフェンスがインサイドに集まっているので、アウトサイドにスペースがある。フリーならばシュートが打てるし、ディフェンスがいたとしてもクローズ・アウトの守備を強いることができるのでチャンスとなる。

　ドライブをしかける際のポイントは、タテに突破すること。ディフェンスにとって対応しづらいプレーなので、得点の可能性が高まる。左右どちらから抜くかを瞬時に判断し、素早くしかけよう。

POINT 1 カットによって空いたトップに入ってドライブ

サイドチェンジからインサイドに侵入できなかった場合、ヘルプサイドのカットによって空いたトップにウィングの②が入って横パスを受ける。ディフェンスはインサイドに引っ張られているので、マークが弱い状況となり、シュートやドライブをしかけられる。

POINT 2 カットとボールミートを素早く行いフリーになる

有利な状況をつくり出すためには、パス&カットによって空いたトップへウィングが素早くカットし、ボールミートすることが大切。スピードが速ければディフェンスとの間に距離が生まれ、フリーでボールを持てるので、次のプレーの選択肢が広がる。

POINT 3 ディフェンスを見て左右どちらから抜くか決める

スペースがあるため、ボールマンはプレーの選択肢を多く持てる。ドライブをしかける際にはディフェンスの位置を見て、左右でより確実なコースを判断しよう。このとき、どちらから抜いたとしても、ゴールに対してタテに突破していくことを意識する。

+1 プラスワン アドバイス
トップからのタテのドライブは有効なプレー

ディフェンスはベースライン方向のドライブであれば5人全員で守ることができるが、ミドルライン方向のドライブに対しては、カバーが追いつけないため3人で守ることになる。有効なプレーなので、攻める際にはトップからミドルライン方向への突破を積極的に狙おう。

PART 2　ドリブル①

コツ 11　ベースラインドライブでフリーをつくる

CHECK POINT!
1. ドライブに合わせてスペースをつく
2. ボールマンが2人引きつける
3. ゴール下で1対0をつくる

ドライブで数的有利をつくって1対0でシュート

　4アウト1インからドリブルで攻撃する際には、ウィングからのしかけが効果的だ。それはアウトサイドにスペースがないフォーメーションであっても、ベースラインドライブ（横のドライブ）をしかけられるため。しかしディフェンスはベースラインドライブに対して5人でカバーする対応をしてくるので、独力でシュートに持ち込むのは難しい。

　重要になるのは、ほかの選手がディフェンスのいないスペースに入る「合わせ」の動きだ。 ディフェンスはドリブルに対して、マークする選手とヘルプの2人でとめにかかるので、フリーができる。そこへパスを通すことができれば、簡単にシュートが打てるのだ。

POINT 1 ベースラインドライブに合わせてスペースに入る

ウィングからベースラインドライブをしかけたら、①がトップから後方に入り、ヘルプサイドのウィングはコーナー、トップはウィング、ポストはゴール下とポジション移動して合わせる。スペースに入ることで、ボールマンのパスの選択肢をつくる。

POINT 2 ヘルプディフェンスによってできた数的有利を活かす

ディフェンスでは、ドライブには2人で対応するのがセオリー。ボールマンをマークするディフェンスに加えてヘルプがくるので、それによってできた数的有利を活かす。このパターンでは、ゴール下の相手が寄ってくることが多いので、ポストがフリーになる。

POINT 3 ポストはゴール正面にカットし1対0でシュートする

ポストは自分をマークするディフェンスがボールマンに寄って行ったら、その背後をつくようにしてヘルプサイドからゴール正面にカットする。フリーになるので、パスを受けたときにはゴールに対して1対0な状況。難なくシュートを打つことができる。

+1 プラスワン アドバイス
ゴール下でフリーがつくれなかったらコーナーにパス

ポストがディフェンスにつかれた場合は、コーナーがフリーになるので合わせる。ゴール下からコーナーへ距離の長いパスを出すのは難しく見えるが、ボールマンにとって視線の先にいる選手であるため、実際は出しやすい。

PART 2　ドリブル②

コツ 12　ドライブからボールサイドでチャンスをつくる

CHECK POINT!
1. ボールサイドでポジションを回転
2. ハイポストにあがってパスを受ける
3. ミドルシュートでゴールを狙う

ディフェンスの隙間となるハイポストに移動する

　ベースラインドライブを、ポストがボールサイドにいる状況でしかける場合には、ポストの動きがカギになる。ポストについているディフェンスは、ボールマンとの距離が近いので、ヘルプに行く。このときにポストは、**ゴール下に移動するのではなく逆にハイポストにあがってゴールから遠ざかる**。ゴールからやや離れるが、ディフェンスのいない決定的なスペースへの移動となるのだ。

　ポストにディフェンスがついた場合の選択肢は、ドリブルによって空いたポジションを埋める選手へのパス。ボールマンの後方となるため、アウトサイドへのパスが防がれることはほとんどない。ボールサイドのみで展開するパターンだ。

POINT 1 ボールサイドの3人がドライブに合わせて回転

ウィングからのベースラインドライブに対して、⑤がハイポストへ移動してドリブルコースから離れ、トップの①がドリブルによって空いたウィングに入る。このときヘルプサイドの2人は、セオリー通りコーナーとウィングにポジションをとる。

POINT 2 ハイポストにポジションをとりインサイドのスペースをつく

ポストにつくマークはボールマンとの距離が近いので、高確率でヘルプにいく。フリーとなったポストは、ハイポストに移動してあえてボールから遠ざかる。このタテの動きは、ディフェンスが最も対応しづらいポジショニングとなるため、チャンスがつくれる。

POINT 3 ボールを受けたらミドルシュートを打つ

ディフェンスを2人引きつけたボールマンからパスを受けたら、ハイポストからジャンプシュートを打つ。フリーな上にビッグマンのシュートなので、ブロックされる危険は低い。ディフェンスにつかれてしまった場合には、1対1をしかけてゴールを狙う。

+1 プラスワン アドバイス

ボールマンの後方をフォローしてボールサイドで展開する

ボールサイドのトップにいた選手が、ベースラインドライブによって空いたウィングのポジションに入る。これにより、ポストへのパスコースが消されても、アウトサイドに戻す選択肢を確保できる。3人で回転するイメージを持って動こう。

PART 2　ドリブル③

コツ 13　ミドルドライブでディフェンスを引きつける

CHECK POINT!
1. ドライブと同方向にローテーション
2. ミドルドライブで2人を引きつける
3. フリーの選手にパスを出す

🏀 中央へのしかけに同方向への合わせで攻撃する

　ウィングでボールを持ち、中央にしかけていくミドルドライブをする。ディフェンスはゴール前の危険なエリアにボールを入れたくないので、ヘルプディフェンスを加えて守備をする。2人を引きつけることができれば、ベースラインドライブでしかけたときと同様に、1人がフリーになるので、パスを通せる。

　このとき**ほかの選手は、ドライブに合わせるためにボールと同じ方向に回転する。**これによって、インサイドに寄るディフェンスと距離ができるため、ノーマークになりやすくなる。パスする選手はディフェンスの誰がヘルプに来るかで変わるが、可能性としては隣の選手がフリーにある場合が多い。

POINT 1 ミドルドライブに対して同じ方向に回転する

ウィングでボールを持つ②がミドルドライブをしかけたら、残りの4人は同じ方向に回転してポジションをローテーションする。アウトサイドの3人はヘルプサイドのトップ、ウィング、コーナーと移り、ポストはボールサイドのローポストへ移動。

POINT 2 中央へとしかけてディフェンスを引きつける

中央へとドリブルするミドルドライブをしかける。ベースラインドライブと方向が違うが、狙いは同じでディフェンスを引きつけること。スペースがないので、スピードと技術が要求される。また、ドリブルしながら周りを見る広い視野も必要だ。

POINT 3 ヘルプディフェンスで空いた隣の選手にパス

危険なドライブであるため、ディフェンスはすぐさまついてくることが多い。そうなればヘルプサイドへと流れる隣の選手がフリーになるので、パスを出せばトップからアウトサイドシュートを打てる。充分な引きつけが、シュートの成功率を高める。

+1 プラスワン アドバイス
インサイド深くまで侵入できたらポストを使う

ゴール下付近まで侵入できたら、ボールサイドへとカットするポストにパスする。1対0の決定的なチャンスをつくることができる。相手ポストを引きずり出すまで到達できたら、ほとんど得点したようなもの。しかし卓越した能力が必要だ。

PART 2　ドリブル④

コツ 14　外にポジションをとってドライブに合わせる

CHECK POINT!
1. ボールサイドのポストはゴールから離れる
2. ヘルプディフェンスの裏をつく
3. アウトサイドへのパスを通してシュート

 ### ディフェンスをインサイドに集めてパスを出す

　ウィングからミドルドライブをしかけた場合に、ポストがボールサイドにいるパターン。ボールを持たない選手は、セオリー通りにドライブと同じ方向にポジションを回転させて合わせる。

　ポストがボールサイドにいるので、ゴール下を通過するのではなくアウトサイドへと逃げていくカットとなる。そのた

め、ボールマンは単独でインサイドに侵入していくような形になる。ディフェンスは侵入を阻止したいので、インサイドを警戒する。これにより、**アウトサイドへの注意が薄れるので、ボールマンは寄ってきたディフェンスの裏のスペースを狙ってパスを出す**。アウトサイドまで視野を広く持ち、パスを判断しよう。

POINT 1 ミドルドライブに対しポストが外にカット

ウィングからのミドルドライブに合わせて、ボールを持たない選手は同じ方向に回転して、ポジションをローテーションする。ボールサイドのポスト⑤は、同サイドのコーナーの方向へ移動する。しかし、ダッシュでアウトサイドに出る必要はない。

POINT 2 ヘルプについたディフェンスの裏のスペースをつく

突破を目指すボールマンに、ディフェンスは集中する。アウトサイドに移動する選手の動きが、ディフェンスとのポジションに距離をつくり、パスコースが生まれる。ヘルプにつくディフェンスの裏へと移動したポストにパスを出せば、ミドルシュートを打てる。

POINT 3 ガラ空きになった逆サイドに展開

ドライブで侵入すると、ヘルプサイドのディフェンスが中央に寄ってくる場合がある。インサイドにディフェンスを引きつけることができれば、アウトサイドへのマークが薄くなるので、コーナーにポジションをとった選手にパスを出し、シュートに持ち込める。

+1 プラスワン アドバイス
合わせのルールを決めてハイスピードのパス回し

ボールマンはドライブをしかけつつ、パスコースを見つけなければいけない。この判断のスピードをあげるためには、チームルールを明確にしておくことが重要。味方の動きがわかっていれば、瞬時に判断してチャンスをつくり出せるのだ。

PART 2　ドリブル⑤

コツ 15　コーナーを意識してタテにドライブする

CHECK POINT !
1. ドライブにウィングが並走する
2. コーナーでフリーになる
3. ゴール前に上を通すパスを出す

レーンドライブで進み横にパスを展開する

　トップからベースラインに向かって、真っすぐドライブする。このタテのドライブを、フリースローレーンに沿って進むことからレーンドライブという。ディフェンスがゴール下へのコースを消してくるので、そのままランニングシュートに持ち込むのは難しい。しかし深くまで進めば、ヘルプディフェンスにくる2人目のディフェンスを引きつけられる。

　合わせ方は、**両サイドのウィングがアウトサイドでボールマンと並走してコーナーでパスを受ける。また、ゴール前に入るポストへのパスも効果的だ**。進行方向に対して横へのパスとなるため、スナップを利かせることが大切。スピードを維持して、正確に展開しよう。

POINT 1 レーンドライブに並走しパスコースをつくる

ボールマンがトップから、タテにレーンドライブをしかけたら、両ウィングが並走するようにコーナーに移動する。このとき、⑤はゴール前に移動して、ヘルプサイドの④はドライブによって空いたポジションに移動し、バックパスのコースをつくる。

POINT 2 コーナーに合わせてアウトサイドシュート

ヘルプディフェンスが外からきたら、アウトサイドが空くのでボールサイドのコーナーにパスを出す。充分に引きつけることができれば、フリーでアウトサイドシュートを打てる。また、ベースライン近くまで進んで、逆サイドのコーナーに合わせるのも有効。

POINT 3 ポストにパスを出し確実に得点する

インサイドからヘルプディフェンスがくれば、ゴール前にポジションをとるポストに合わせられる。1対0でシュートできるので、得点の可能性が高い。このとき、ボールをミートしやすいように、ディフェンスの上を通すフワリとしたパスを出すと効果的だ。

+1 プラスワン アドバイス
手首をやわらかく使いスナップでパスする

前にドライブしながら、横に出さなくてはいけないので、片手でパスすることになる。正確にコントロールするためには、手首のスナップを効かせることが大切。また逆サイドに出す場合には、体のひねりも使ってスピードのあるパスを出す。

PART 2　ドリブル⑥

コツ 16　ウィングに開いてミドルドライブに合わせる

CHECK POINT!
1. ミドルドライブに合わせて回転
2. トップからステップして横に開く
3. ディフェンスが寄せて来る前にシュート

ディフェンスと距離をとるステップをする

　トップからのミドルドライブは、ゴールへ最短距離に進んでいくプレーだ。危険なコースであるためにディフェンスは中央を固めて守備してくるので、突破は難しい。しかし**ディフェンスの警戒心を逆手にとって、意識がボールに集まったところでパスを横に流せばチャンス。**

　パスを受けるヘルプサイドのトップの選手は、ドライブと同時にウィングに移動して合わせる。この動きによってディフェンスと距離をとることができ、フリーの状況をつくり出せるのだ。しかしディフェンスはパスが出ると同時に素早く寄せてくるので、ボールミートしたらすぐにシュートを打つ必要がある。速いシュートモーションでブロックを防ごう。

POINT ① ポジションを回転させてトップからのドライブに合わせる

セオリー通り、ボールを持たない選手がドライブと同じ方向に回転してポジションをローテーションする。ボールサイドのウィング②は、ドライブによって空いたトップポジションに移動するので、パスコースとして有効なのは、ヘルプサイド側の隣の選手。

POINT ② ヘルプサイドのトップからステップで一気にウィングへ

ヘルプサイドのトップは、ドライブに合わせてウィングに移動する。このときのポイントは、ステップで一気に移動すること。このスピードによって、パスを受けたときのディフェンスとの距離が広がる。ラインギリギリではなく、ややワイドに動くと効果的だ。

POINT ③ フリーで受けたら迷わずアウトサイドシュート

ウィングの位置でフリーでボールを受けることができたら、アウトサイドから打ってスリーポイントシュートを狙う。プレーに迷いがあるとディフェンスに寄せられて、ブロックされてしまう。パスを受ける前から、状況を把握して判断しておくことが大切。

+1 プラスワン アドバイス

ボールミートと同時にシュートモーションに入る

ブロックを防ぐためには、ボールミートする前からヒザを曲げておき、パスを受けると同時にスリーポイントラインへ1歩ステップして、素早くシュートモーションに入ることが大切。無駄のないフォームで、アウトサイドシュートを狙おう。

PART 2　スクリーン①

コツ 17　横パスを出してダウンスクリーンをかける

CHECK POINT!
1. ウィングでボールに背を向けてスクリーン
2. 広いスタンスで立ちマークにブロック
3. インサイドにカットしてシュート

 ### スクリーンでフリーをつくりゴールへカットする

　ディフェンスが引いて守っている状況では、カットでチャンスをつくるのは難しい。インサイドにディフェンスが揃っているので、スペースをつくりづらいのだ。その場合に有効なのが、スクリーン。ディフェンスと接触することで動きを制限し、フリーをつくるプレーだ。
　ヘルプサイドへショートパスを出したら、**トップがウィングに動いて、ウィングの選手についているディフェンスにスクリーンをかける**。これによってウィングはフリーでポジションをあげることができ、パスを受けられる。このテクニックを、ポジションの高いところから低いところへスクリーンをかけることから、ダウンスクリーンという。

POINT 1 トップがウィングに寄って ダウンスクリーンをかける

ボールを持った①が、逆サイドへとボールを出すと同時に、トップからウィングへと走り、ディフェンスにダウンスクリーンをかける。②がウィングからスクリーンを活用して、交差するようにしてあがる。これにより、フリーでパスを受けられる。

POINT 2 ディフェンスの動線に入り 足幅を広げて立つ

スクリーンをかける際にはウィングへ、インサイド寄りにコースをとって移動する。これにより、ウィングの選手をマークしている選手の動線に入ることができる。ディフェンスに寄ったら、足幅を広く重心を低くして立ち、追いかける動きを制限する。

POINT 3 ボールサイドカットして ランニングシュートを狙う

フリーになったら、そのままボールサイドカット。ボールマンからのパスを、インサイドで受ける。カットのスピードを落とさずにゴールへアタックし、ランニングシュートを狙う。スクリーンでつくったチャンスを活かすために、素早い攻撃をしかけよう。

+1 プラスワン アドバイス
ディフェンスの対応によって シュートを切り替える

ゴールへのコースをディフェンスがふさいでいたら、ミドルシュートに切り替えるのも手だ。しかしスピードに乗っているので、ジャンプストップをしっかりと行えないと、シュートのフォームが崩れてしまうので注意が必要だ。

PART 2 スクリーン②

コツ 18 フレアスクリーンでサイドに開く

CHECK POINT!
1. サイドに広がってスキップパスを受ける
2. フレアでディフェンスの不意をつく
3. タイミングをはかってスクリーン

ディフェンスが気づけないスクリーンプレー

ポジションをあげる選手をフリーにするダウンスクリーンに対して、サイドに広がる選手をフリーにするのがフレアスクリーン。ウィングの選手があがってスクリーンをするプレーで、サイドへと走る選手に対して、ボールマンはスキップパスでつなぐ。**ポイントは、ヘルプサイドのトップからスキップパスが出る時点でスクリーンがセットされていること。**これによって、ディフェンスがスクリーンを避ける時間を削ることができる。

ボールを受けた選手は、シュートを狙う。ディフェンスに対して強く当たることができるスクリーンだからといって、ボールを受けた後のスクリーンのセットが遅いとスクリーンがかわされるので注意。

POINT 1　スクリーンでマークを振り切りサイドに広がる

①がもう一方のトップへパスした瞬間に②はウイングからポジションをあげてスクリーンをかけに行く。④がボールをキャッチした瞬間、スクリーンがセットされサイドに動いてパスを受けられる状態となった①へ、スキップパスで展開。

POINT 2　ディフェンスはスクリーンに気づけない

ボールサイドからヘルプサイドのトップへとボールが左右に動くので、ディフェンスはそちらに注目し、後ろからくるスクリーンに気づけない。不意をついてフリーになるチャンスをつくれるのが、広がるという意味を持つフレアスクリーンのメリット。

POINT 3　1回目のパスで動き出し 2回目で体勢をつくる

ディフェンスに強く当たるためには、動き出しが重要だ。1回目のショートパスに合わせてポジションをあげてディフェンスに近づき、スキップパスが出る直前にスクリーンの体勢をつくる。このタイミングが、ディフェンスにスクリーンを認識させないためのポイントだ。

+1 プラスワン アドバイス
コーナーを目指してカットしスキップパスを受ける

状況にもよるが、隣の選手を飛ばしてボールをつなぐスキップパスを出す位置はコーナー。アウトサイドの深いところまで展開することで、1対1のスペースが確保され、パスを受けた後のプレーで有利になる。受け手は素早くカットしよう。

PART 2　ポスト①

コツ 19　ウィングとポストの関係でゴールを狙う

CHECK POINT!
1. ウィングとポストの2人でパス交換
2. ポストは体を張ってパスを受ける
3. ウィングでパス&カットする

トップがつくったスペースを活用するパス&カット

　ポストがボールサイドにいる状況では、パス&カットしたトップにリターンパスを通せなかったとき、ボールを戻すのではなくインサイドを使うと効果的。ボールマンとなったウィングが、ポストに出してパス&カットをすれば、2人の関係でディフェンスを崩すことができる。同じようなプレーで突破できるのは、オフェンスの入りでトップがカットしたことによって、インサイドにスペースができているためだ。

　しかし**ポストはディフェンスにつかれているので、体を張って自分へのパスコースをつくる必要がある。**ディフェンスの前に体を入れて前に出られないようにガードし、腕を伸ばしてパスを促そう。

POINT 1 ウィングがパス&カットしポストがリターンする

ボールサイドの3人で行われるプレー。①がカットで逆サイドのコーナーに走り、ウィングの②がポストにパスしてインサイドにカットし、リターンパスを受ける。このとき、ヘルプサイドの3人は、ウィングのカットに合わせてそれぞれポジションをズラす。

POINT 2 ポストがシールしてパスコースをつくる

ポストはウィングにボールが出ると同時に、ゴールに背を向ける。重心を低くして、体とフリースローライン側の腕でマークにつくディフェンスが、前に出られないようにガード。もう一方の腕は伸ばして、パスを要求する。このプレーを、「シール」という。

POINT 3 ベースライン側からパス同時にカットする

ボールマンはポストが腕を伸ばしているベースライン側から、バウンズパスを出す。同時にその逆側からカットし、インサイドに走り込む。このディフェンスの背後をつくカットをバックカットといい、素早く行うことでゴール下のスペースを活かせる。

+1 プラスワン アドバイス
リターンパスはカットの動きに合わせて出す

リターンパスは、ウィングからインサイドへのカットに合わせて、バウンズパスで通す。後方に出す形になるため普通のパスより難しいが、走り込むスピードを落とさずに済む、正確なパスを出せると、シュートの成功率がアップする。

PART 2 ポスト②

コツ20 インサイドにスペースをつくり1対1をする

CHECK POINT!
1. カットしてインサイドを空ける
2. ゴールへとドリブルする
3. チャンスをうかがい前を向く

ディフェンスを引っ張り2次攻撃をしかける

　ウィングがパス&カットしたものの、ディフェンスが反応してマークが外れずリターンできなかった場合には、2次攻撃としてポストが1対1をしかける。一見、パスが出せなかったときの苦し紛れの攻撃のようだが、**カットによってディフェンスが引っ張られているため、1対1をしかけられるオフェンス有利の状況ができあがっている。**しかしカットが中途半端だと、ポストにヘルプディフェンスがついて、途端に不利な状況になる。ゴールするためには、ウィングがコーナーまでしっかりと走り込むことが重要だ。

　インサイドで得点を重ねられるチームは、主導権を握ることができる。ポストがシュートするパターンを習得しよう。

POINT 1 ウィングのカットで1対1をするスペースをつくる

ポストにパスを出したウィング②が、ヘルプサイドのコーナーまでカットしてディフェンスを引っ張り、ポストがインサイドで勝負できるスペースをつくる。ほかのメンバーはポストがドリブルで1対1がしやすいようにヘルプサイドで等間隔でとどまる。

POINT 2 ディフェンスをガードしながらゴールに近づく

ボールを持ったポストは、ドリブルでゴールに近づく。パワーで負けてしまうとディフェンスにボールを奪われてしまうので、シールの体勢を崩さず、ゴールに背を向けて進む。このとき、ディフェンスの体から遠い位置でドリブルすることがポイントだ。

POINT 3 機を見て前を向きシュートを打つ

ドリブルしながらチャンスをうかがい、スキをついて前を向きシュートを打つ。1対1の勝負に勝つためには、ディフェンスの出方をしっかりと見ることが大切。オフェンス有利の状況なので、冷静にプレーできればゴールを奪うことは決して難しくない。

+1 プラスワン アドバイス
アウトサイドへと走り抜けるカットを徹底する

コーナーまでカットすると、パスを恐れるディフェンスが引っ張られてヘルプディフェンスが遅れる。さらにスペースができるので、ボールマンのプレーの幅が広がる。走り抜けることを徹底すると、2次攻撃の成功率がアップするのだ。

PART 3
3アウト2イン オフェンス

3アウト2インの特性

アウトサイドのスペースを利用したドライブが有効

　3アウト2インは、2人がポストに立つ布陣。両サイドからポストを活用するオフェンスをしかけることができ、またリバウンドでも強さを発揮するため、インサイドを重視して戦いたいときに有効。4アウト1インがアウトサイドからインサイドへ、という攻め方が多いのに対し、3アウト2インでは、インサイドに入れてアウトサイドへ、というパターンで攻め込むことができる。

　一方でアウトサイドに両サイドとトップの3人しかいないので、ショートパス主体の展開は難しい。しかし人が少ない分スペースがあるため、ドリブルをしかけやすく1対1の場面を多くつくり出せる。優れたドリブラーがいるチームにも、フィットするだろう。

PART 3 カット①

コツ 21 トップからのフロントカットで攻撃を始める

CHECK POINT!
1. ガードがインサイドにカットする
2. ディフェンスの動きを見て予測
3. ウィングはVカットしてパスを受ける

スペースのないインサイドへカットで侵入する

3アウト2インのオフェンスの入りとして、ガードがパス＆カットでインサイドへの侵入を狙う。トップポジションでボールを持ち、全員がポジションについたら、ウィングがVカットでパスを受け、フロントカットするガードにボールをリターンする。パスが成功すれば、ディフェンスを動かしてチャンスをつくれる。

ポストが2人いるため、インサイドにディフェンスが多い。スペースがない状況なので、**ガードはボールを受ける前から、どのディフェンスが自分に寄ってくるのかを予測しておくことが大切**。状況判断を怠ると、パスが通ってもインサイドでディフェンスに囲まれて、オフェンスが手詰まりになるので注意しよう。

POINT 1　トップからカットしてインサイドでパスを受ける

パス&カットで、トップの①がインサイドに侵入する。ウィングへパスを通すことができれば、アウトサイドにディフェンスが少ない分スペースが多くあるので、容易にフロントカットすることができる。スピードのあるカットで、マークを振り切ろう。

POINT 2　インサイドを守るディフェンスを見て予測

ポストが2人いるため、ディフェンスがインサイドを固めて守っている。リターンパスを受けると素早く寄せてくるので、ボールミートする前から、どのディフェンスがヘルプディフェンスにくるか予測しておくことが大切。状況把握しながらプレーしよう。

POINT 3　ウィングはしっかりとVカットしてパスコースをつくる

アウトサイドに選手が3人しかいないため、パスの距離が長くインターセプトされるリスクが高い。最初のパスを通すためには、ウィングのVカットが重要になる。ディフェンスをしっかりと押し込んでから素早く外に出て、パスコースをつくろう。

+1 プラスワン アドバイス
スピードがあればシュートを狙うことも可能

トップからのパス&カットの主な目的は、ディフェンスの布陣を崩すこと。しかし、スピードあるプレーでディフェンスを振り切ることができたらシュートする。最初からパスを目指さず、チャンスの場面では思い切ったプレーを選択しよう。

PART 3　カット②

コツ22　トップに入ってボールを受け攻撃をしかける

CHECK POINT!
1. 逆サイドのウィングがトップに入る
2. インサイドにカットする
3. ポップアウトしてボールミート

トップに入ってボールを受け攻撃をしかける

　トップからのパス&カットにリターンパスを出せなかった場合には、ヘルプサイドのウィングがトップに入ってパスを受ける。アウトサイドにディフェンスが少なく、なおかつガードがカットで1人を引きつけているのでスペースが広くあり、ドライブもシュートも狙いやすい状況となる。このとき、ボールを受けるウィングはただスリーポイントラインに沿って動くのではなく、まずインサイドへのカットを狙う。**ディフェンスがディナイしてきたところを、ポップアウトしてトップに入りボールミートする。**

　効果的な動きだが、ゆっくりでは対応されてしまう。アウトサイドでの、スピードのある連動がポイントだ。

POINT 1 ヘルプサイドのウィングからトップに入ってパスを受ける

ボールサイドのウィング②へパスして、①がインサイドへカットする。同時にヘルプサイドのウィングから、ハイポストを経由してカットによって空いたトップに入り、パスを受ける。スペースが多くある状況なので、得点に直結するプレーをしかけられる。

ポップアウト

POINT 2 まずはインサイドでのボールミートを狙う

ヘルプサイドのウィングは、ガードがリターンを受けられなかったら、ボールマンへと向かって行くようにしてハイポストにカット。しかしマークにつくディフェンスが通させまいと、パスコースを消すディナイで対応してくるので、ここで受けるのは難しい。

POINT 3 ポップアウトしてトップに入りパスを受ける

ハイポストでパスを受けられないと判断したら、トップポジションへのカットに切り替える。この内から外への動きを、ポップアウトという。ディフェンスと距離をとってボールを受けられるので、シュートやドライブなど決定的なプレーにつなげられる。

+1 プラスワン アドバイス

ドライブはゴールに向かって直線的にしかける

ドライブをしかける際には、ゴールに向かって直線的にしかけること。トップからの最短距離のドライブは、ディフェンスにとってインサイドの選手のみで対応しなくてはいけない守りづらいプレーとなるため、効果的なしかけとなる。

PART 3 カット③

コツ 23 サイドチェンジで1対1の状況をつくる

CHECK POINT!
1. ヘルプサイドにボールを展開
2. ポストのスクリーンでフリーをつくる
3. 素早くシュートかドライブをする

 ウィングで遅れてくるディフェンスと1オン1

　トップからのフロントカットから、逆サイドへ移動したガードへ、2本のショートパスでボールを回す。ポイントは、**ガードがヘルプサイドのポストのスクリーンを使ってフリーになること。これにより、1対1の状況つくることができる。**ボールの展開はアウトサイドの3人で行うものの、インサイドの選手も加わってチャンスをつくる方法だ。

　ディフェンスと距離をとってボールを受けることができたら、そのままシュートが打てる。寄せが速かったらドライブに切り替える。ウィングからパス＆カットで攻めることはできないので、選択肢はこの2つのみ。ボールを受けたら1オン1で勝負するイメージでしかけよう。

POINT 1　サイドチェンジしてウィングで1対1をつくる

ヘルプサイドのウィング③がトップにあがり、パスを受ける。しかけられなかったら、最初のカットで移動したガードにパスを出し、サイドチェンジでフリーをつくる。③はパス後、①が1対1をしかけたら合わせをし、しかけなければゴールへカットする。

POINT 2　ヘルプサイドのポストがスクリーンする

ガードはゴール下を通って、ワイドに逆サイドへとカットする。このとき、ガードをマークするディフェンスに対して、ヘルプサイドのポストがスクリーンをして妨害する。これによってガードがフリーになり、有利な状況でボールを受けることができる。

POINT 3　ディフェンスとの距離を活かして素早くシュート

ボールを受けたら、素早くシュート。得点が最優先なので、無理にアウトサイドに広がってスリーポイントシュートを狙う必要はない。しかしポスト2人のリバウンドに期待できるので、思い切って3点を狙うのも手だ。打てなかったらドライブをしかける。

+1 プラスワン アドバイス
3アウト2インではウィングでのパス&カットは難しい

ウィングでボールを受けたら、選択肢はシュートとドライブのみ。3アウト2インはポストが2人いるために、ゴール下のスペースが埋まっている。ウィングからのパス&カットは難しいので、個人テクニックでゴールを狙おう。

PART 3　ドリブル①

コツ24　トップからしかけてインサイドでフリーをつくる

CHECK POINT!
1. ドライブに合わせてローテーション
2. ゴール下でフリーになりシュート
3. ヘルプサイドのポストに通す

2人のポストがインサイドで上下にポジションをとる

　アウトサイドにスペースがあるため、トップからでもドライブを狙える。マークするディフェンスのワキから、ゴール下へと侵入し、ドリブル合わせでチャンスをつくろう。ポジションの移動はセオリー通り、ボールの動く方向に回転する。このとき**ポストの2人が、ボールサイドの選手がゴール下、ヘルプサイドの選手がフリースローライン側へややあがるようにポジションをとる**ことで、インサイドにパスコースができる。

　ヘルプディフェンスによってできたスペースに入るポストへ出す際には、ビッグマンへのパスとなるため上を通すと効果的だ。ボールミートからそのままシュートできるボールを供給しよう。

POINT 1 トップからドライブしポジションをローテーション

①のドライブに対して、アウトサイドの2人はボールサイドがコーナー、ヘルプサイドがトップに入る。インサイドの2人のポストはディフェンスを見ながら、ボールサイドがゴール下へ、ヘルプサイドはフリースローライン側へポジションをあげる。

POINT 2 ゴール下にパスを通してシュート

トップからのドライブで直線的に切り込むと、ボールサイドのポストにつくディフェンスがヘルプに寄ってくる。それによってできたスペースにポストが入るので、ボールマンがパスを出せば1対0の状況をつくり出せる。確実にゴールを奪えるパターンだ。

POINT 3 ヘルプサイドのポストがフリーになって打つ

ゴール下へと動くポストに対して、ヘルプサイドのディフェンスがついてパスコースを消してくる場合がある。そうなると、もう1人のポストがフリーとなるので、横へのショートパスを通せばシュートチャンスができる。ミドルシュートを打って得点しよう。

+1 プラスワン アドバイス
ボールから逃げる動きがフリーをつくる

ディフェンスはボールに注目するので、ボールマンから離れていくように動くとフリーになりやすい。ボールと同じ方向に回転するセオリーを守りながら、ディフェンスのいない場所へとポジションを微調整する状況判断をしよう。

PART 3　ドリブル②

コツ 25　ボールサイドに引きつけてパスを出す

CHECK POINT!
1. ベースラインドライブに合わせる
2. ディフェンスがボールサイドに集まる
3. ゴール下でフリーになりシュート

長短の横パスでヘルプサイドに展開する

　ウィングにボールを渡し、ベースラインドライブをしかける。ボールマンにディフェンスが寄るので、2人のポストが同時に動いてフリーになった方にパスを通すことで、シュートにつなげる。ポストの動きとしては、ボールサイド側はハイポストにあがってボールマンをマークするディフェンスの背後をつく。ヘルプサイド側はゴール下に入り込む。

　ボールサイドのポストにディフェンスがつきやすいので、ヘルプサイドへのパスが有効だ。ベースラインに沿わせるようにボールを通してシュートチャンスをつくろう。また、ロングパスでコーナーに合わせる展開も効果的だ。ディフェンスゼロの状況でシュートを打てる。

POINT 1　ハイポストとゴール下 逆サイドのコーナーで合わせる

ウィングのボールマン②がベースラインドライブをしかけたら、ボールサイドはトップがウィングに移動し、ポストはハイポストにあがる。ヘルプサイドはポストがゴール下に入り、ウィングがコーナーへとワイドに開いて、ドリブル合わせをする。

POINT 2　ボールサイドに ディフェンスが集中する

ベースラインドライブに対して、ディフェンスは5人で守りを固める。ドライブで深く侵入するスペースは埋められてしまうが、その分ヘルプサイドがガラ空きになるので、パスを通せばチャンスとなる。ドリブルしながら判断して、フリーの選手につなごう。

POINT 3　ゴール下へ入ったポストが 1対0でシュートする

ディフェンスはボールマンとハイポストを警戒し、ボールサイドに4人が入り守りを固める。これによってヘルプサイドのポストがフリーになるので、ゴール下へフリーで入り込める。エンドライン側からパスを通せば、1対0のシュートチャンスとなる。

+1 プラスワン アドバイス
ディフェンスのいない コーナーに合わせる

ヘルプサイドのポストにディフェンスがついたら、コーナーに合わせる選手へのマークがゼロになる。ロングパスで展開できれば、余裕を持ってスリーポイントシュートを打てる。コートを広く使うポジショニングで、チャンスをつくろう。

PART 3　ドリブル③

コツ 26　インからアウトへの展開で外からシュートを打つ

CHECK POINT!
1. アウトサイドに開いて合わせる
2. 内から外へと展開する
3. アウトサイドからシュートを打つ

スリーポイントシュートのチャンスをつくる

　インサイドに2人の選手が入る3アウト2インでは、アウトサイドが空きやすいので、外からのシュートを狙うのがセオリーのひとつ。**シュートに持ち込むために有効なのが、インサイドに侵入してからのアウトサイドへの展開。**ウィングがミドルドライブをしかけると、ディフェンス全体がインサイドに集中する。アウトサイドの選手が逆をついて、ワイドにポジションをとることでフリーになり、内から外へのパスが通るようになる。

　このとき、ポストの2人がスペースをつく動きをしないと、アウトサイドをケアされてしまうので、インサイドのポジショニングも重要だ。5人全員の連動で、シュートチャンスをつくり出そう。

POINT 1 ミドルドライブに合わせて アウトサイド2人が開く

ウィングでボールを持つ②がミドルドライブでインサイドに切り込んだら、残りの4人はボールと同じ方向に回転してポジションをローテーションする。インサイドの2人はゴール付近でスペースを狙い、アウトサイドの2人は外に開いてディフェンスと距離をとる。

POINT 2 キックアウトで チャンスをつくる

ドライブをしかけたボールマンは、ディフェンスを引きつけたところでアウトサイドにパスを出す。ディフェンスはインサイドに集まっているため、フリーでボールを受けられる。このインサイドにしかけてアウトサイドに戻すプレーを、キックアウトという。

POINT 3 パスを受けたら スリーポイントシュート

パスを受けた選手は、トップからウィングに開いてディフェンスと距離をとっているので余裕のある状況。ブロックされる危険がないので、スリーポイントシュートを狙う。貴重なチャンスを得点に結びつけられると、試合の流れを引き寄せることができる。

+1 プラスワン アドバイス

インサイドの動きが 成功率アップにつながる

ポストの2人がディフェンスの密集するインサイドで、スペースに動くことが大切。これにより引きつけることができ、アウトサイドへのヘルプディフェンスを防げる。ボールを持たない選手の動きが、シュートの成功率を高めるのだ。

PART 3　スクリーン①

両ウィングがスタックでフリーになる

CHECK POINT!
1. 両ウィングがインサイドに走り込む
2. ポストがスクリーンをかける
3. フリーでボールを受けてドライブ

同じ動きをして攻撃をしかけるサイドを決める

　ウィングがインサイドに走り込み、同サイドのポストのスクリーンでフリーになってアウトサイドに戻る。このプレーをスタックといい、**両サイドで同時に行うことでガードがチャンスの多いサイドを選べるようになる**ため、より効果的な戦術となる。このときガードは、スクリーンをしている間にどちらかのサイドにドリブルで寄って行っても良い。トップからのパスは距離が長いので、近づいていくことで確実にボールをつなごう。

　スタックは、ハーフコートでのオフェンスのスタートに使うと有効だ。ディフェンスとオフェンスのポジションにズレをつくることで、攻撃の展開を有利に進められるようになるのだ。

POINT 1 両サイドのウィングが同時にインサイドにカット

①がトップポジションでボールを持っている状態で、両サイドのウィングが同時にインサイドにカットする。ポストの外側を回って、ゴール下付近まで深く侵入する。マークするディフェンスはこのカットに反応して、パスを出させまいとついてくる。

POINT 2 ポストのスクリーンを使ってフリーでアウトサイドに戻る

ポストの後ろを回ったところで、方向転換してアウトサイドに戻る。このときポストが内側にスクリーンをかけて、追いかけるディフェンスを妨害する。これによって、フリーでパスを受けられる。ガードはこの間に、ドリブルでどちらかに寄って行っても良い。

POINT 3 ボールミートと同時にミドルドライブをしかける

フリーでボールを受けたウィングが、カットのスピードそのままにミドルドライブでインサイドに侵入する。シュートまで持ち込めなかった場合にはドリブル合わせで攻撃することになるので、周りのメンバーはポジションをローテーションしてスペースをつく。

+1 プラスワン アドバイス
パスを受けた瞬間にジャンプシュートを打つ

ディフェンスに対して強くスクリーンをかけることができたら、そのままシュートでゴールを狙うのも効果的だ。アウトサイドに開いて、スリーポイントシュートを打とう。オフェンスのスタートから少ない展開で得点できると、試合の主導権を握ることができる。

PART 3　スクリーン②

コツ 28　スウィングプレーで決定的なチャンスをつくる

CHECK POINT!
1. 両ウィングが同時にゴールへカット
2. ゴール下でウィングが交差する
3. フリーでアウトサイドシュートを打つ

大きなポジションチェンジでディフェンスを崩す

　両サイドのウィングが同時にインサイドへカットし、交差してサイドを替える。これをスウィングプレーという。**ディフェンスは動きの大きなカットに対して、マークする対象をスイッチ（交換）して守ることがあるが、アウトサイドとインサイドのポジションチェンジには対応できない。**そのためこのプレーでは、得点につながる決定的なフリーをつくり出せる。

　ポイントは、ゴール下で幾重にもスクリーンをかけること。このパターンでは、左から入ってくるウィングのカットを、ポストの2人と右からゴール下にカットするウィングの3人でスクリーンをかけてサポートしている。これだけかけられては、ディフェンスは追いかけられない。

POINT 1 両サイドがゴールにカット ポストは外側にスクリーン

①がトップでボールを持っている状態で、両サイドのウィングが同時にインサイドへ、ポストの後ろを回ってカットする。このときポストは両サイドとも、外側にスクリーンをかける。ウィングをマークするディフェンスを妨害する1回目のスクリーンとなる。

POINT 2 ゴール下でスクリーンを かけながらウィングが交差

カットからそのまま、両ウィングが交差する。このとき左から右にカットする③につくディフェンスに、逆サイドのウィング②とポストがスクリーンをかける。2人のポストとウィングによる3回のスクリーンによって、決定的なフリーをつくり出す。

POINT 3 マークのいない状態で シュートを打てる

逆サイドへのダイナミックなカットと、ゴール下でのスクリーンによって、マークを完全に引き離した状態となる。ガードからパスを受けたら、スリーポイントシュートを狙う。スウィングプレーでつくったチャンスを、得点につなげよう。

+1 プラスワン アドバイス
スクリーンしたら 逆サイドのウィングへカット

もう一方のウィングは、ゴール下でスクリーンをかけたら、ポストのスクリーンを使ってすぐさま逆サイドへカットする。これによって、ディフェンスに対応されてパスを出せなかった場合の第2の選択肢ができる。ガードに多くのパスコースをつくることが大切だ。

PART 3　ポスト①

ヘルプサイドでスペースをつくり突破する

CHECK POINT !
1. ウィングのカットにポストがリターン
2. ポストへのパスはベースライン側から
3. ヘルプサイドのポストがあがる

カットするスペースを逆サイドのポストがつくる

　ウィングからポストへの展開で突破する際には、ベースライン側からパスを通して、ポストがウィングのカットに合わせる方法が効果的。しかしポストを2人置く3アウト2インは、インサイドにスペースがないので、ウィングがリターンパスを受けられても、ディフェンスにゴール下を守られてしまう。

　このときに必要になるのが、ヘルプサイドのポストの動きだ。**ボールサイドのポストにボールが入ると同時に、ハイポストにあがる。**これによってディフェンスをゴール下から離れさせることができ、ランニングシュートをするスペースをつくれるのだ。ヘルプサイドの連動が、得点するためのポイントとなる。

POINT 1 ボールサイドのポストが カットするウィングにパス

ボールを持つ①がウィングにパスを出し、次にウィングが同じサイドのポストにボールを回す。ボールをキープして②のゴールへのカットを待ち、走り込んできたところをリターンパスを出す。このとき、ヘルプサイドのポストはハイポストに移動する。

POINT 2 ベースライン側から ポストにパスを出す

ウィングからポストにパスを出す際には、安全なベースライン側を通す。このとき、ポストは自分をマークするディフェンスに対してしっかりとシールして、体を前に入れる。ウィングはパスを出すと同時に、フリースローライン側からゴールへとカットする。

POINT 3 ヘルプサイドのポストは ハイポストに移動する

ヘルプサイドのポストは、ハイポストに移動してカットするスペースをつくる。ポイントはタイミングで、ボールサイドのポストがパスを受けると同時にポジションをあげる。タイミングを誤ると、ウィングのカットにディフェンスがついてしまうので注意。

+1 プラスワン アドバイス
ゴールに1対0の状況で レイアップシュートを打つ

ヘルプサイドのポストの動きによって、ゴール下にディフェンスがいない状況になっているので、カットのスピードのままゴールに進み、レイアップシュートを打つ。ディフェンスにつかれた場合には、そのヘルプによって空いた選手にパスを出せば得点することができる。

PART 3　ポスト②

コツ30　ボールサイドをカットで空けて1対1

CHECK POINT!
1. ヘルプサイドにディフェンスを引っ張る
2. 体でガードしながらゴールに進む
3. ゴールから遠い腕を伸ばして打つ

ポストが勝負をしかけられる状況をつくる

　ポストでの1対1は非常に有効な攻撃だ。しかしインサイドはディフェンスが多いので、1対2にされてポストがしかけられなくなる危険がある。**マークするディフェンスと勝負できる状況をつくるためには、ヘルプサイドにディフェンスを引っ張ってボールサイドを完全に空ける必要がある。**ポストにパスするとともにウィングが逆サイドのコーナーへと走り抜け、ヘルプサイドのポストはハイポストにあがる。これにより、ディフェンスはパスを警戒せざるを得なくなる。

　ゴール下での1対1で、ベースライン側からしかけるばかりでは読まれてしまう。フックシュートを狙うパターンも使って、ディフェンスと駆け引きしよう。

POINT 1 ヘルプサイドに移動して ボールマンにスペースを空ける

ボールサイドのウィング②がカットして、逆サイドのコーナーまで走り抜けてディフェンスを引きつける。またヘルプサイドのポストがハイポストにあがり、ゴール下にスペースをつくる。これによりボールサイドがボールマン⑤のみになり、1対1のチャンスとなる。

POINT 2 ディフェンスを体で ガードしながらドリブル

ポストでの1対1では、ゴールに背を向けた状態からスタートすることになる。焦って前を向くとボールカットされる危険があるので、シュートを打てる位置までディフェンスとボールの間に体を入れてドリブルする。ディフェンスの対応を見ながら進もう。

POINT 3 フックシュートで ゴールを狙う

ゴールからやや離れた位置から打つフックシュートで、ゴールを狙うのも効果的だ。ベースライン側へのしかけを警戒するディフェンスの、裏をつくことができる。シュートパターンが多ければそれだけ、ディフェンスとの駆け引きで優位に立つことができる。

+1 プラスワン アドバイス
ゴールに体側を向け 腕を伸ばしてシュート

フックシュートはゴールに体側を向けた姿勢で真上にジャンプし、ゴールから遠い方の腕でシュートするテクニック。体がブロックになるので、ディフェンスと密着している状況でも打てるシュートだ。インサイドでプレーすることの多い選手は、マスターしておきたい。

PART 3 ポスト③

コツ 31 ハイポストに横パスしてインサイドに展開

CHECK POINT!
1. ヘルプサイドからボールマンに近づく
2. ポストがディナイされていたらフラッシュ
3. ハイポストゴール正面でパスを受ける

パスを通せないと判断したらフラッシュする

　ディフェンスの対応が良く、ボールサイドのポストにパスを通せなかった場合には、ヘルプサイドのポストへパスを通す。そのままのポジションでは距離が遠く、出してもカットされてしまうのでポジションを移動する必要がある。**ハイポストにあがりながらボールサイドに寄って行き、フリースローラインの中央あたりでパスを受ける。**このボールマンへ近づいていくプレーをフラッシュという。

　フラッシュするポストに対してディフェンスがついて行かないのは、ヘルプポジションであるため。ボールサイドへのパスも警戒しているので、両方を見て守っている状況なのだ。マークとの距離を利用して、シュートに持ち込もう。

POINT 1 ヘルプサイドのポストがフラッシュしてパスを受ける

ボールサイドのポストへのパスコースを切られている状況では、ウィングからのパスコースがトップだけになってしまう。ヘルプサイドのポスト④がフラッシュしてポジションをあげることで、新たにパスコースが生まれインサイドへパスを出せるようになる。

POINT 2 ディナイされていたらポジションをあげる

ウィングにボールが入ったとき、ボールサイドのポストがディフェンスに、ディナイでパスコースを消されていたらフラッシュする。素早く状況判断して動き出すことが大切だが、見誤るとボールサイドに人が集まり過ぎてフロアバランスが崩れるので注意。

POINT 3 フリースローラインからジャンプシュートする

状況にもよるが、フラッシュしてパスを受ける位置はフリースローラインの中央あたり。ボールミートしたら素早くシュートモーションに入り、ジャンプシュートでゴールを奪おう。ディフェンスと距離がある状況なので、冷静にプレーすれば容易に得点できる。

+1 プラスワン アドバイス
ディフェンスのヘルプポジションを利用

ヘルプサイドのポストをマークするディフェンスは、2人を同時に警戒するヘルプポジション。そのため両ポストの中央あたり、どちらも見られる位置をとる。この距離を利用してフラッシュすれば、チャンスとなる。素早く移動して、距離をさらに広げることがポイントだ。

PART 3 ポスト④

コツ 32 ポストのハイロープレーでシュートする

CHECK POINT!
1. ハイからローへポスト間のパス
2. スキをついて反転する
3. 高く速いパスでボールをつなぐ

2人のポストが上下にポジションをとる

　ポストが2人いるので、インサイドでパスをつなぐことが可能。**フラッシュしてポジションをあげたポストから、ゴール下のポストへのパスが有効**で、これをハイロープレーという。このときアウトサイドの3人は、インサイドで勝負させるために外に開いてポジションをとる。またこのポジショニングは、パスを出せなかった場合にアウトサイドに戻してシュート、または新たなオフェンスの展開を始めるためにも効果的だ。

　インサイドでのパスは、ビッグマン同士のボール交換となるため、上を通すパスでつなぐ。バウンズパスに比べてインターセプトされる危険が少ないので、シュートに持ち込める可能性があがる。

POINT 1 ハイポストからローポストへ決定的なパスを送る

ヘルプサイドのポスト④がフラッシュしてハイポストでパスを受けるも、ディフェンスにつかれてシュートできない状況。ローポストの⑤が体を反転させて、ゴール下でパスを受ける。このときアウトサイドの3人は、ワイドに開いてディフェンスを引きつける。

POINT 2 ディフェンスがボールに注目したスキをつく

ハイポストの選手にボールが渡ると、ローポストの選手をマークするディフェンスの注意がボールにいく。その一瞬のスキをついて反転し、ゴールに体の正面を向ける。素早い動作でディフェンスの前に入れば、パスコースができハイロープレーを繰り出せる。

POINT 3 伸ばした手の位置に上から速いパスを出す

ボールマンは反転したポストが伸ばす手に、上からパスを出してコントロールする。2人のビッグマンが、最高点でつなぐイメージだ。ゆるいボールではインターセプトされる危険があるので、コートに対して平行な軌道を描く、速いパスを出すことも大切だ。

+1 プラスワン アドバイス
ボールミートからワンステップでシュート

ボールを受けたら一歩のステップでゴール下に入り、素早くシュートを打つ。これにより、一瞬できた1対0を活かすことができる。この状況ではほかのプレーの選択肢はないので、逆サイドのディフェンスが寄せてきたとしても気にせず、思い切りゴールに向かって行こう。

PART 4
5アウト オフェンス

 5アウトの特性

インサイドの広いスペースへアタックする

　5アウトはトップと両サイドのウィング、コーナーと5人全員がアウトサイドにポジションをとる布陣。インサイドに広いスペースがあるため、外から内へのアタックで威力を発揮する。しかしアウトサイドにスペースがないので、バランスが崩れるとドライブをしかけられなくなるのが難点。有効な攻撃をするためには、カットやスクリーンを駆使してスペースをつくる必要がある。

　ポストプレーヤーの不足しているチームは、必然的に合わせるプレーを使った攻めが増えるので最適だ。また、「1対1をしかけて、周りが合わせる」という戦術のセオリーを理解する上で効果的な布陣なので、チームづくりの導入に採用するチームも多い。

PART 4　カット①

ポップアウトでつくった スペースにカット

CHECK POINT!
1. パス&カットと同時にポップアウトする
2. パスを受ける動作でコーナーに出る
3. トップからゴールへ直線的にカット

パスと同時にポストが5アウトのポジションに入る

　トップのパス&カットに対して、**ボールサイドのポストがアウトサイドにポップアウトし、5アウトの布陣をつくりインサイドにしかける**。ポストがコーナーへと移動することにより、ディフェンスが引っ張られてインサイドに広いスペースができ、リターンパスからランニングシュートに持ち込める可能性があがる。

　ポイントは、トップからゴールに向かって直線的にカットすること。スペースができる前提でのプレーになるため、最短距離をトップスピードで走る。しかしポストがポップアウトでディフェンスを引きつけられないと、とめられてしまう。パスが入った瞬間に素早く外へ出るタイミングが重要だ。

POINT 1　ポストがコーナーに出て5アウトでパス&カット

トップの①がウィングに出し、インサイドへフロントカット。同時にボールサイドのポストが同サイドのコーナーへと出てスペースをつくり、②がリターンパスを出す。ヘルプサイドはセオリー通り、ウィングがトップに入り、コーナーはウィングに入る。

POINT 2　コーナーでパスを受けるつもりでポップアウト

このパターンでは、ポップアウトでいかにディフェンスを引きつけられるかがカギになる。外へ移動する際には、ウィングからコーナーでパスを受けるつもりで動こう。この動作によってディフェンスの警戒心が高まり、ゴール下にスペースをつくることができる。

POINT 3　ゴールに向かって直進するカットをする

トップから、マークにつくディフェンスのボールサイド側のワキを抜いて、ゴールへと一直線に向かって行く。カットのコース、スピードともに最も時間をかけずに到達することを意識して、ポストのポップアウトによってできたディフェンスの背後をつく。

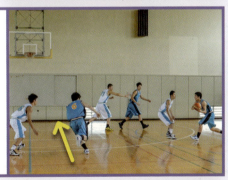

+1 プラスワン アドバイス
リターンパスを受けたらドリブルなしでシュート

ウィングからのリターンパスをインサイドの深い位置で受けるので、ドリブルをする必要はない。確実性の高いレイアップシュートでゴールを奪おう。このときウィングのパスがズレるとスピードを維持できないので、バウンズパスをスペースに送るイメージで出す。

PART 4 カット②

コツ 34 コーナーからのパスでインサイドに侵入する

CHECK POINT!
1. ウィングとコーナーでパス&カット
2. ポップアウトしコーナーでボールミート
3. プレースペースの広いコースにカット

ウィングからバックカットしリターンを受ける

　ゴールへとカットしたトップへリターンパスが出せなかった場合、ウィングのボールマンの次の選択肢はコーナーへのパス。インサイドからアウトサイドへ移動してきた選手へのパスとなるため、ディナイされることなくパスをつなげられる。出すと同時にカットし、コーナーからのリターンパスを受けることができれば、インサイドのスペースをつける。

　カットでは、フリースローライン側からインサイドに入ることがポイント。この**ディフェンスの背後をつくカットをバックカットといい、プレースペースの広いゾーンから走り込める**。しかしコースがふくらむとタイムロスになるので、ゴールへ直線的に進むことが大切。

POINT 1 コーナーにパスを出しインサイドのスペースへカット

ウィングのボールマン②が、インサイドからコーナーに開いた④へパスを出し、同時にゴールへカットする。コーナーからリターンパスをゴール下に出し、ボールをつなぐ。オフェンスの入りのカットによってできたスペースを、2回目のカットで活かせる。

POINT 2 素早くポップアウトをしてコーナーでパスを受ける

ボールサイドのポストからコーナーへポップアウトし、ボールマンからパスを受ける。外へ出るスピードが遅いとディフェンスにパスカットされてしまうので、素早いステップで移動することがポイント。ボールミートしたらリターンパスのタイミングをはかる。

POINT 3 バックカットで広いプレースペースを使う

この場面のカットでは、ディフェンスの背後をすり抜けるバックカットでインサイドに入る。フロントカットすることも不可能ではないが、人が密集しているゾーンでのプレーとなるため自由に動けない。スピードを発揮できるコースを選んで、ダッシュしよう。

+1 プラスワン アドバイス
コーナーまでカットしたらゴールに体を向ける

ガードは、トップからのカットでヘルプサイドのコーナーまで走り抜けてディフェンスを引きつけ、ウィングがカットするスペースをつくったら、ゴールに体を向ける。シュートまで持ち込めずオフェンスが継続する場合があるので、状況を把握して次のプレーの準備をする。

PART 4　カット③

コツ 35　2回のカットでスペースをつくり1対1をしかける

CHECK POINT!
1. ポジションをローテーションしてサイドを変える
2. アウトサイドを移動してパスを受ける
3. 中央にできたスペースを使って攻撃する

 ボールサイドに移動しウィングでアタックする

　トップからのフロントカット、ウィングからのバックカットと、2人の選手がインサイドへ走り込むことによって、ボールサイドのディフェンスがヘルプサイドへ引っ張られる。そのスペースをついて、ヘルプサイドのウィングがボールサイドへ移動し、コーナーのボールマンからパスを受けると、1対1をしかけることができる。このとき、**ディフェンスがインサイドに固まっていたらシュートを狙い、寄せてきた場合にはミドルドライブでゴールへアタックする**。素早い判断で、効果的なプレーを選択しよう。

　ウィングでの1対1は、優先順位3番目のプレー。最初から狙わず、カットでフリーをつくれなかった場合に繰り出す。

POINT 1　ヘルプサイドのウィングがボールサイドのウィングに入る

ヘルプサイドのウィング③が、オフェンスの入りとなるトップ①のカットと同時にトップに移動し、ウィング②がカットしたら再びそのポジションへズレる。ほかのメンバーも同じように、ボールの方向にポジションをローテーションしてフロアバランスをキープする。

POINT 2　スリーポイントラインに沿って移動してパスを受ける

パス回しに合わせて、カットで空いたポジションを埋めるようにしてアウトサイドをボールサイドへ移動する。ディフェンスが引っ張られてマークが甘くなったところで、コーナーのボールマンからパスを受ける。1対1の状況となるので、しかけることができる。

POINT 3　中央のスペースにアタックする

1対1では、中央へしかけることを意識する。カットによってスペースができているので、ミドルドライブで突破すると効果的だ。ボールミートからすばやくドリブルをスタートして、ディフェンスのワキを抜きインサイドに侵入する。ゴールへ直線的に進もう。

+1 プラスワン アドバイス
ディフェンスと距離があればシュートを狙う

ボールを持ったときにディフェンスと距離があれば、プレッシャーをかけられる前にシュートを打つことができる。距離間を見誤るとブロックされてしまうので、パスを受ける前から状況を把握して、正しい判断をすることが大切。常に視野を広く持ってプレーしよう。

PART 4 カット④

コツ 36 ディフェンスを押し込んでトップから攻撃する

CHECK POINT!
1. アウトサイドでパスをつなぐ
2. ディフェンスがついたらトップに展開
3. マークなしでスリーポイントシュート

スペースのあるアウトサイドでオフェンスを展開

2回のカットでディフェンスを引きつけたとしても、ボールはコーナーにあるので、ボールサイドに2人のディフェンスが残る。そのため、ウィングへパスしたとしても反応されてマークがつく場合がある。シュートの選択肢を消され、ミドルドライブのコースに入られるとしかけられないので、トップへパスを出す。

ヘルプサイドへのコーナーへのカットと、ボールサイドのコーナーからの展開になるため、ディフェンスは全体が深い位置にさがっている。**アウトサイドへのマークが甘くなっているので、トップでボールを持つとプレッシャーの薄い状況でしかけることができる。**スリーポイントシュートで、ゴールを狙おう。

POINT 1 コーナーからウィングに回しトップに展開する

ウィングのカットに合わせて③がそのポジションに入り、コーナーからパスを受けた状況。ヘルプサイドのウィングから⑤がトップにあがり、ボールマンからパスを受ける。このとき、インサイドにカットした選手はヘルプサイドのコーナーまで走り抜ける。

POINT 2 ウィングでの1対1ができなかったらパス

コーナーからウィングへのパスに、ディフェンスが反応してマークについたら、ヘルプサイドからトップに移動する選手へパスを出す。1対1をしかけられる場面だが、対応が早いとシュートを打てない。ミドルドライブのコースも消されるのでパスを選択する。

POINT 3 インサイドを飛ばしてアウトサイドからシュート

ボールサイドのコーナーとウィング、逆サイドのコーナーとゴール下にディフェンスを押し込んでいる状況なので、トップのボールマンへのプレッシャーは薄い。人の密集するインサイドへの侵入は効果的でないので、スリーポイントシュートを選択する。

+1 プラスワン アドバイス
ヘルプサイドから素早くあがるポジショニングが大切

有利な状況でオフェンスを展開するためには、ディフェンスのスキをつくポジション移動が大切だ。ウィングにボールが入ったタイミングで、素早いステップでトップのスペースに入ろう。スピードが速ければそれだけ、ディフェンスと距離が空きシュートを打ちやすくなる。

PART 4 ドリブル①

コツ 37 タテのドライブにコーナーで合わせる

CHECK POINT！
1. ドライブの方向にポジションを回転
2. 5アウトではゴール下を攻める
3. コーナーにパスを出してシュート

外からくるヘルプディフェンスの背後にパスを出す

　5アウトはインサイドに多くのスペースがあるため、ドライブをしかけやすい。トップからタテにドライブをしかけると、**ボールマンに対してウィングをマークするディフェンスが、ヘルプディフェンスで寄ってくる可能性が高い**ので、フリーになった選手にパスを出すことでシュートチャンスが生まれる。このとき、ボールサイドのコーナーに初期ポジションをとる選手がインサイドに入ることがポイント。このカットによって、コーナーにスペースができる。

　コーナーへのパスコースをディナイされたとしても、今度はインサイドがフリーになる。ボールマンが多くの選択肢を持って、ドライブすることが大切。

POINT 1 タテのドライブにポジションをローテーションして合わせる

トップのボールマン①が、タテにドライブをしかける。ボールサイドのウィングがコーナー、コーナーからインサイドと合わせ、ヘルプサイドはウィングがトップに入り、コーナーはウィングに入る。オフェンスのスタートと同時に、2人がインサイドに入る形だ。

POINT 2 ディフェンスのいないゴール下を攻めるのがセオリー

オフェンスの布陣に合わせて、ディフェンスはアウトサイドに寄って守る。ゴール下に誰もいない状況となるので、そのスペースにアタックをしかけることが5アウトのセオリーだ。ウィングはボールマンがドライブをしかけられるように、やや開いて構える。

POINT 3 ウィングからコーナーにカットしてフリーになる

ドライブをとめようと、ウィングをマークするディフェンスがボールマンに寄る。ウィングの選手はドライブよりやや先行してコーナーにカットし、ボールマンからナナメ横のパスを受ける。プレッシャーがない状況なので、スリーポイントシュートを打てる。

+1 プラスワン アドバイス
コーナーからゴール下へのカットで完全なフリーをつくる

コーナーに大きなスペースをつくるためには、インサイドに入り込むカットがポイントになる。これによってディフェンスを引きつけることができ、完全なフリーができるのだ。引きつけられなくとも、自分がゴール下でフリーになることができるので、素早くカットしよう。

PART 4　ドリブル②

ウィングから突破し逆サイドにパスを通す

CHECK POINT!
1. コーナーからインサイドに入る
2. ドライブでディフェンスを引きつける
3. ゴール下のスペースにカットする

ヘルプサイドからゴール下にカットしシュート

　ウィングからのミドルドライブでは、ポジションのローテーションはボールの進行と同じ方向であるため、ヘルプサイドのコーナーからインサイドにカットして合わせる。**ドライブに対応するディフェンスの裏のスペースに入り込むため、守りづらいカットとなる。**

　ボールマンは自分に2人のディフェンスがついたところで、ゴール下にボールを通してチャンスをつくる。ゴールに対して1対0となるため、ボールミートからそのままシュートを打とう。周りの選手はアウトサイドにポジションをとって、パスコースをつくる。ボールマンの選択肢を増やすポジショニングで、効果的なオフェンスを展開しよう。

POINT 1　ミドルドライブに合わせてインサイドへカット

ウィングからのミドルドライブで空いたポジションにボールサイドのコーナー④が入り、トップはヘルプサイドのウィング、ウィングはコーナーに入る。コーナーは回転するローテーションのセオリー通り、インサイドにカットしてゴール下に走り込む。

POINT 2　2人のディフェンスをドライブで引きつける

ミドルドライブをしかけると、マークする選手に加えて、ヘルプサイドからディフェンスが寄ってくる。これによってフリーができ、オフェンスにとって有利な状況になる。ボールマンはパスを出せるように準備しながら、ゴールを目指そう。

POINT 3　ディフェンスの背後へコーナーからゴール下に入る

ディフェンスはドライブに気をとられるので、ヘルプサイドのコーナーからゴール下に入るカットは背後をつく効果的なプレーとなる。素早くインサイドに侵入することがポイントだ。ボールマンからパスを受けたら、1対0の状況を活かしてシュートを打とう。

+1 プラスワン アドバイス
ヘルプサイドを重視してバランスをとる

ポジションのローテーションによって、ボールサイドのコーナーが空くが、このポジションは重要度が低いので入る必要はない。ボールマンの視野に入るヘルプサイドに、選手を多く配置することが大切だ。しかし距離が近すぎると、パスを回しづらくなるので注意しよう。

PART 4 ドリブル③

コツ39 ドライブに合わせてコーナーからバックカットする

CHECK POINT!
1. ドライブに先行してカットする
2. 2人の間にしかけて引きつける
3. 背後をつくカットでインサイドに侵入

 コーナーをベースラインドライブでフリーにする

　ミドルドライブではヘルプサイドのコーナーからゴール下へカットして合わせたが、ベースラインドライブの場合はドライブのコースが変わるので、ボールサイドのコーナーからゴール下に入る。

　ウィングのボールマンが2人のディフェンスの間にベースラインドライブをしかけると、コーナーについているディフェンスがヘルプディフェンスに寄ってくる場合が多い。**フリーになった選手がバックカットしてインサイドに入り込めば、ショートパス1本で決定的なチャンスをつくり出すことができる。**逆サイドからヘルプディフェンスがきた場合には、ベースラインドライブのセオリー通り、コーナーに合わせよう。

POINT 1 ベースラインドライブをコーナーから追い越す

ウィングのボールマン②がベースラインドライブをしかけたら、トップの選手がそのポジションに入り、ヘルプサイドの2人も同じようにポジションをズラす。ボールサイドのコーナーの選手は、ボールマンを追い越すようにしてゴール下にカットする。

POINT 2 ディフェンスの間にしかけ注意を引く

ウィングとコーナーの間のコースを進むドライブとなるため、ディフェンスは2人で挟んで対応してくる。引きつけやすいプレーだが、プレースペースが少ないため突破は難しい。インサイドへカットする選手の動きを見て、タイミング良くパスを出そう。

POINT 3 バックカットで直線的にゴール下へ走り込む

コーナーからインサイドに走り込む際には、ドライブに気をとられているディフェンスの背後をついてバックカットする。初期ポジションから直線的に侵入できるため、最短コースとなる。一瞬のスキを見落とさずに、素早くステップすることがポイントだ。

+1 プラスワン アドバイス
対面のディフェンスが寄ってきたら逆サイドのコーナーにロングパス

カットする選手にディフェンスがつくと、対面のディフェンスが寄ってくる。その場合には、逆サイドのコーナーへロングパスを出す。そのためにヘルプサイドの選手はポジションをあげずに、ワイドに開いておく必要がある。状況を見てポジショニングを決めよう。

PART 4 スクリーン①

コツ40 コーナーからのあがりをスクリーンでサポート

CHECK POINT!
1. ウィングからスクリーンしてコーナーがカット
2. ダウンスクリーンでフリーをつくる
3. アウトサイドへふくらんでゴール下へ走る

 ダウンスクリーンからインサイドでパスを受ける

インサイドのスペースをついて攻め込むためには、スクリーンプレーが有効だ。5アウトはサイドに2人の選手がいるため、オフェンスの入りからスクリーンでチャンスをつくることができる。ガードがトップでボールを持っている状況で、**ウィングがダウンスクリーンをしてコーナーのカットをサポートすれば、1本のパスでインサイドへ展開できる。**

ボールを受けたら、ゴール下にはディフェンスがいないのでそのままシュートに持ち込める。弧を描くカットからスピードを緩めずに、ドリブルなしでゴールを目指そう。そのためにはガードが正確なバウンズパスを、ゴール下のスペースにコントロールする必要がある。

| POINT ❶ | ウィングがスクリーンをかけ
コーナーがカットする |

ガードの合図でスクリーンプレーを開始する。ウィングがさがってスクリーンをかけ、コーナーにつくディフェンスの動きを妨害する。これによって、コーナーがフリーでカットできる。両サイドで同時に行うと有効だが、一方のサイドのみでも効果的だ。

| POINT ❷ | コーナーにさがって
ダウンスクリーンをする |

ウィングの選手がポジションをさげて、コーナーの選手をマークするディフェンスにスクリーンをかける。ポイントはインサイド側から、カットを追いかける最短コースに入ってダウンスクリーンをかけること。ディフェンスが避けられないスクリーンを意識する。

| POINT ❸ | 弧を描くカットで
インサイドに入る |

コーナーからのカットでは、ダウンスクリーンをする選手を回ってインサイドに入る。この弧を描くカットはゴールへの最短距離のコースであり、なおかつディフェンスにとってスクリーンが最も邪魔になるコースでもある。効果的なカットでゴールを目指そう。

+1 プラスワン アドバイス
ディフェンスのスイッチが追いつかないスピードで打つ

インサイドへのカットに対して、ディフェンスがマークを同サイドのもう1人の選手にスイッチして守る場合がある。しかし素早くインサイドに入りパスを受けることができれば、追いつかれる前にシュートを打てる。スピードを落とさずにゴールへ向かって行くことが大切だ。

PART 4　スクリーン②

コツ 41　ディフェンスを引き出してゴール下にドライブ

CHECK POINT!
1. 両サイド同時にスクリーン
2. タイミングを合わせてカット
3. コーナーから直線的にドライブ

 フレアスクリーンからコーナーでパスを受ける

　両サイドで同時にフレアスクリーンをかける。ガードがチャンスの多いサイドを選んでパスを出せる、有効なオフェンスだ。ウィングで守るディフェンスに対して、コーナーの選手がポジションをあげてスクリーンをかけ、ウィングの選手が交差するようにして外に開きながらさがってスキップパスを受ける。

　ボールを受けてからの選択肢は、ゴール下へのドライブ。**オフェンス全体がポジションをあげてからの展開となるため、ディフェンスの背後をついてインサイドに侵入することができる**。このとき、スクリーンをした選手がすぐさまゴールにカットして、ボールマンのドライブをサポートすることがポイント。

POINT 1 フレアスクリーンを両サイドでかける

コーナーからポジションをあげて、ウィングの選手につくディフェンスのインサイド側からスクリーンをかける。ウィングの選手はそのあがりに合わせてコーナーに開き、ガードからスキップパスを受ける。このプレーをオフェンスの入りで、両サイド同時に行う。

POINT 2 スクリーンをかけた瞬間にコーナーへと開く

コーナーの選手がディフェンスに寄ってスタンスを広げた直後に、ウィングの選手がコーナーへのカットを始める。このタイミングでしかけると、ディフェンスはポジションをあげる選手に気づけないので、避けられることなくフレアスクリーンをかけられる。

POINT 3 スキップパスを受けたらベースラインに沿ってドライブ

フレアスクリーンでオフェンスが一時的にコートの高い位置に集まると、ディフェンスもつられてポジションをあげる。ゴール下にスペースができるので、スキップパスを受けた選手は、コーナーからベースラインに沿ってドライブをしかけ、ゴールを目指す。

+1 プラスワン アドバイス
スクリーン後もプレーを続けることが大切

スクリーンをかけた後、その場に留まってしまうと、ボールマンにディフェンスがついた場合に選択肢がなくなりボールを奪われる。インサイドにカット、または逆ポップアウトするなど、すぐさま次のプレーを移ることが大切。素早く判断し、重要なポジションに入り直そう。

PART 4 スクリーン③

コツ42 ドリブルスクリーンでトップから攻める

CHECK POINT!
1. ドリブルしながら体をぶつける
2. 1つのポジションに2人を引きつける
3. ハンドオフパスでボールを受け渡す

🏀 ボールマンが体をぶつけてハンドオフでパス

　ドリブルでディフェンスに近づいていき、体をぶつけるプレーをドリブルスクリーンという。ボールマンに対して強くプレッシャーをかけているディフェンスと、スクリーンをかけるディフェンスの2人を1箇所にまとめられるため、大きなスペースをつくり出せる有効なプレーだ。ガードがオフェンスの入りでしかければトップを空けられるので、ウィングからカットする選手にパスをつなぐことができれば、フリーでミドルドライブをしかけられる決定的なチャンスとなる。

　このときヘルプサイドの2人は、アウトサイドに留まる。これによりボールマンにディフェンスがついたとき、合わせのプレーでチャンスをつくれる。

POINT 1 トップのボールマンがスクリーンをかけてパスを出す

①がトップからディフェンスを引き連れて横にドリブルし、ウィングのディフェンスにドリブルスクリーンをかける。パスを受けたウィング②は、トップのスペースからドライブをしかける。このとき、周りの選手はアウトサイドに留まってチャンスをうかがう。

POINT 2 2人のディフェンスのポジションをかぶらせるプレー

ボールマンをマークするディフェンスがドリブルの進行方向をケアしているなかで、ウィングを守るディフェンスに体をぶつけることで、2人が1つのポジションに固まる。これにより、ボールマンの後ろに大きなスペースをつくることができる。

POINT 3 交差するタイミングでハンドオフパス

ボールマンはウィングからトップへカットする選手と、交差する瞬間にパスを出す。極めて距離が近い状況なので、手渡しに近いハンドオフパスでボールをつなごう。体の横にボールをセットするイメージでパスすれば、スムーズにボールを受け渡すことができる。

+1 プラスワン アドバイス
トップからガラ空きのインサイドへミドルドライブ

パスを受けてからの選択肢はミドルドライブ。トップに広いスペースがあるので、スピードのあるドライブでゴールを目指そう。ゴール下でディフェンスにつかれた場合には、コーナー合わせでアウトサイドに展開し、スリーポイントシュートのチャンスをつくる。

PART 5
ディフェンスシステム

ディフェンスシステムの重要性

より多く身につけて対応力をあげる

　チームで連動して自由に動くモーションオフェンスに対応するためには、5人が1つのルールのなかでディフェンスをしなければならない。そのルールをディフェンスシステムといい、全員が同じ守備意識を持つことで、カットやスクリーンといったプレーを繰り出されても、決定的なエリアへの侵入を防ぐことができる。

　また、オフェンスの特性やストロングポイントはチームによって異なるので、どのような相手との試合でもゴールを守れるように、マンツーマンやゾーンディフェンスなど、多くのシステムを習得しておくことが大切。加えて、身につけたシステムをプレーが止まった一瞬の時間で、スムーズに切り替える技術も必要だ。

PART 5　マンツーマン①ハーフコート

コツ43　フロントコートでそれぞれがマークにつく

CHECK POINT!
1. インサイド側で全員がマークにつく
2. ボールマンにはプレッシャーをかける
3. ボールマンの隣にはディナイをする
4. 遠い選手に対してはヘルプで守る

 それぞれがボールの位置に応じたマークをする

　フロントコートでオフェンスが各ポジションに入ったところで、メンバーがそれぞれ1人の選手をマークするディフェンスシステムを、ハーフコートマンツーマンという。リバウンドをとられてバックコートから戻る際に、相手チームよりいち早くフロントコートに戻り、自分のマークをピックアップする必要がある。

　ポイントはボールの位置に応じた対応をすること。**ボールマンに対しては強く、その両隣にはディナイ、さらにその奥はヘルプディフェンスをとる**。全員が強くマークしてしまうと、ドライブで抜かれた瞬間にピンチになるなど守備にスキができやすくなるので、オフェンスに合わせて動けるように守る必要がある。

POINT 1 オフェンスの内側で全員がマークにつく

フロントコートでオフェンスがポジションについたら、5人がそれぞれ違う選手をマークする。このとき相手の布陣に対して、内側に入ってマークすることがポイントだ。コンパクトにシステムを構築することによって、ディフェンスの対応力がアップする。

POINT 2 ボールマンに対して強くマークする

ボールマンをマークするディフェンスは、間合いを詰めて守る。腕でボールに触れられる距離間がセオリーだ。このとき意識するのは、ドライブさせないこと。インサイドに侵入されるとピンチになるので、前向きでドリブルできないようにディフェンスしよう。

POINT 3 ボールマンの隣の選手に対してはディナイ

ボールマンの隣の選手をマークする際には、ディナイでパスコースを消す。トップにボールマンがいる場合の両ウィングだ。ウィングはさまざまな攻撃を展開できる危険なポジションなので、半身の姿勢で片腕をボールとウィングの間に伸ばしパスを防ごう。

POINT 4 ショートパスできない位置はヘルプディフェンス

つなぐためにショートパスが2本必要なポジションに対しては、ヘルプディフェンスで対応する。やや距離をとって、マークする選手を見つつインサイドをケアする。それによって、ドライブで侵入された際に素早くボールマンに寄ってシュートを防げる。

PART 5　マンツーマン②オールコート

バックコートから
プレッシャーをかける

CHECK POINT!
1. 敵陣からマンツーマンディフェンス
2. ライン際をドリブルさせる
3. ディナイでパスの選択肢を消す

攻撃を遅らせてオフェンスタイムを削る

　バックコートからマンツーマンでオフェンスにプレッシャーをかけるディフェンスシステムが、オールコートマンツーマンだ。得点後やデッドボールなどでプレーが止まると、オフェンスはそれぞれのポジションにつくので、それに合わせてマークにつく。**ファーストパスから間合いをつめてプレーの選択肢を減らすこ** **とによって、オフェンスはスムーズにボールを運べなくなる。**これにより、オフェンスタイムを削って焦らせることができる効果的な守備戦術だ。

　進行を遅らせることが狙いであるため、ボールマンへのプレッシャーはもちろん、ディナイも重要だ。パスコースを切ってドリブルをするよう誘導しよう。

POINT 1 オフェンスが終わっても バックコートに残って守る

得点するなどしてオフェンスが終わったらすぐにマークについて、ディフェンスを開始する。コートの中央側からマークし、進行を遅らせながらフロントコートに入って行く。プレーが切れないと、オールコートマンツーマンはしかけられないので注意しよう。

+1 プラスワン アドバイス
24秒と8秒のルールを活用する守備戦術

バスケットには24秒以内にシュートしなくてはいけない24秒ルールと、8秒以内にフロントコートにボールを運ばなくてはいけない8秒ルールがある。攻撃を遅らせることで相手チームにバイオレーション（反則）をとらせ、マイボールにすることができる。

POINT 2 サイドラインへの ドリブルを誘導する

ファーストパスを受けたボールマンをマークする選手は、内側から間合いを詰めてマークし、中央へのドリブルコースを消す。サイドライン側に進ませることによって、時間をかけさせることができる。ボールを奪おうとすると、かわされる危険があるので注意。

POINT 3 ディナイでタテの パスコースを消す

ボールマンが前を向いたら、同サイドのオフェンスに対してディナイする。ファーストパスを出したゴール下の選手に対してもマークがついているため、ボールマンはドリブルせざるを得ない状況となる。ドリブルの時間が長くなればなるほど有利になる。

PART 5　ゾーン① 2-3

ゴール下に3人並べて インサイドを固める

CHECK POINT!
1. 2人と3人のラインをつくって守る
2. ボールにチーム全体で寄る
3. ポストを囲んでプレーさせない

危険なエリアを重点的に守るディフェンスシステム

　人について守るマンツーマンに対して、エリアを分担して守備するディフェンスシステムをゾーンという。1対1でディフェンスが勝てないチームへの対応策として効果的。そのなかでもゴール下に3人、前に2人が立って守る2-3ゾーンは、インサイドを重点的に守ることができる。**相手チームに強いポストがいた**り、**優れたドライブ能力を持つ選手がいる場合に、有効な守備戦術だ。**

　ポイントは、布陣をキープしながらボールに寄って守ること。パスがウィングに出たらチーム全体でボールサイドにステップし、ボールにプレッシャーをかける。インサイドにボールを入れられた場合には、囲んでプレーを封じる。

POINT ① インサイドの危険なエリアにラインをつくる

インサイドでゴール付近に3人、前に2人が立って守る。インサイドに人数をかけて守備するディフェンスシステムであるため、強力なポストを封じたいときに有効。また、ドライブに対する対応力も高い。その一方で、アウトサイドからのシュートには弱い。

POINT ② ボールサイドに寄ってボールマンにプレッシャー

ゾーンディフェンスでは、形を崩さずにボールサイドに寄ることが大切。ヘルプサイドが空くが、寄せることでロングパスを出せなくなるので問題ない。また、ボールマンに対しては最も近い位置にいる選手が、間合いを詰めてプレッシャーをかける。

POINT ③ インサイドにボールが入ったら囲んで守る

ポストを使って1対1をしかけるチームはローポストにボールを入れることが多い。しかしインサイドに多くの人員を割いているので、2人から3人のディフェンスで囲めばプレーの選択肢をなくすことができる。プレーを封じて、ボールを外に戻させよう。

+1 プラスワン アドバイス
マンツーマンに切り替えてアウトサイドをケアする

アウトサイドからの攻撃が弱いチームと予測して2-3ゾーンの布陣を敷いたものの、スリーポイントシュートをどんどん打たれる展開になったら、マンツーマンに変更する。プレーが止まったわずかな時間を使ってチーム内で声をかけ合い、スムーズに切り替えよう。

PART 5　ゾーン② 3-2

コツ 46

前の3人がアウトサイドにプレッシャーをかける

CHECK POINT!
1. 3人でアウトサイドをケアする
2. ボールマンにプレッシャーをかける
3. インサイドに入れさせず時間を削る

ボールを外で回させてインサイドへの侵入を防ぐ

　ゾーンディフェンスでアウトサイドに対して、プレッシャーをかけられるディフェンスシステムが3-2だ。**前に3人のディフェンスが並ぶので、トップと両ウィングをケアできるようになる**。ポイントはボールマンと間合いを詰めて、自由を奪うこと。これによって、シュートやドライブといった外からの攻撃を防ぐことができる。しかし一方で、インサイドが手薄になるので、ポストにつながれるとピンチになる。布陣にスキ間を空けず、オフェンスにアウトサイドでボールを回させることを意識して守ろう。

　2-3から1人があがって、一時的に3-2のシステムをとる方法もある。臨機応変にポジションをズラして対応しよう。

POINT 1　トップとウィングに3人で対応する

ゴール付近に2人、前に3人並べてオフェンスに対応する。アウトサイドに強く当たることができるゾーンディフェンスだ。ボールの移動に合わせてチーム全体で寄って行き、ボールマンに近いディフェンスはプレッシャーをかけて、インサイドへの展開を防ぐ。

POINT 2　ボールマンに対しては間合いを詰めてマークする

ボールマンの近くにポジションをとる選手は、間合いを詰めてディフェンスする。しかし深追いしすぎると、布陣が崩れて守備にスキ間ができてしまうので注意。このときの目的はシュートとドライブを防ぐことなので、狙いを見失わないようにしよう。

POINT 3　アウトサイドで回させてオフェンスタイムを削る

インサイドへの展開を防ぎ、アウトサイドでパスを回させると、オフェンスタイムを削ることができる。24秒間守り続ければマイボールになるし、時間の経過とともにオフェンスは焦る。ミスをついてインターセプトすれば、ファーストブレイクをしかけられる。

+1 プラスワン アドバイス

ゾーンディフェンスはマッチアップゾーンが主流

現代のゾーンディフェンスの主流は、マッチアップゾーンだ。布陣にとらわれすぎず、オフェンスの出方によって流動的にポジションを変える戦術。2-3に対して相手がアウトサイドに3人並べて攻めてきたら、1人をあげて一時的に3-2で守れば数的不利を避けられるのだ。

PART 5　マンツーマンプレス①パストラップ

ファーストパスから ダブルチームで追い詰める

CHECK POINT !
1. ダブルチームでボールマンにつく
2. リターンパスをボールカットする
3. 失敗したらオールコートマンツーマン

 敵陣でトラップをしかけてゴールを奪う

　バックコートのディフェンスで、ボールを奪いに行く守備戦術をトラップという。コートにボールを入れるファーストパスを合図に、ボールマンにダブルチーム（2人でマークにつく）をしかける。**ボールマンがボールを戻したところを、逆サイドの選手がパスコースに入ってインターセプトすれば、シュートを打てる。** この戦術が決まるのは、オフェンスの不意をつくディフェンスであるため。オールコートマンツーマンでくると思わせてダブルチームで追い詰めると、ボールマンは焦って判断を誤るのだ。

　ボールを奪えなかった場合には、フルコートマンツーマンに切り替える。失敗した場合のプランも決めておこう。

POINT ① ファーストパスを受けた選手にダブルチーム

オールコートマンツーマンのポジションをとり、ファーストパスの出し手⑤にプレッシャーをかけてショートパスを出させる。出た瞬間に①にダブルチームでついて、前に進む選択肢を全て消す。同時に逆サイドの選手が、コート中央に寄ってリターンパスを待つ。

POINT ② リターンパスを狙ってインターセプトする

ボールマンがリターンパスを出したら、中央寄りにポジションをとった選手がパスコースに入りインターセプトする。このとき、ダブルチームをする2人が前からマークして後ろへのパスコースを空けておくことが重要。ディフェンスでリターンパスを誘導しよう。

POINT ③ トラップに失敗したらオールコートマンツーマン

インターセプトに失敗したら、ダブルチームを解いてオールコートマンツーマンに切り替える。マークにつけないとパスをつながれ、数的不利のディフェンスを強いられるので注意。スピードのあるステップで素早く戻り、攻撃を遅らせるプランに切り替えよう。

+1 プラスワン アドバイス
サプライズディフェンスは不意をついてしかける

トラップはサプライズディフェンスともいわれる、相手チームを驚かせる守備戦術。そのため、多用しすぎると対応されてしまう。成功させるためには、騙し討ちのイメージで不意をつくことがポイント。しかし残り時間わずかで負けている状況では、常にしかける必要がある。

PART 5 マンツーマンプレス②ドリブルトラップ

コツ 48 ドライブを2人ではさんでパスカットする

CHECK POINT!
1. ドリブルにダブルチームでつく
2. サイドライン側へドリブルさせる
3. 2人目が背後からマークにつく

サイドラインにドリブルさせてボールを囲む

ファーストパスと同時にダブルチームで追い詰めたパストラップに対して、ボールマンにドリブルさせてから選択肢を消す守備戦術がドリブルトラップだ。ファーストパスでボールがコートに入ったら、バックコートのボールマンをマークして、サイドラインに沿ったドリブルをさせる。**ドリブルの開始とともに、もう1人のディフェンスが後方からついてダブルチームではさみ、ボールを戻さざるを得ない状況をつくる。**

そのあとのプレーはパストラップと同じで、逆サイドの選手がインターセプトしてシュートに持ち込む。パスとドリブルどちらでトラップをしかけるのか、事前に決めておくことが大切だ。

POINT 1 ドリブルを開始したらダブルチームで追い詰める

オールコートマンツーマンのポジションについて、ファーストパスが出たらボールマン①にプレッシャーをかけて、ドリブルを選択させる。開始したところで中央にポジションをとっていたディフェンスが後ろからマークにつき、ダブルチームでトラップをしかける。

+1 プラスワン アドバイス
ドリブルを開始したらダブルチームで追い詰める

2つのトラップはほとんど同じ戦術。技術に違いがあるとすれば、パストラップはファーストパスを短く出せるプレッシャーが必要で、ドリブルトラップではドリブルに対するディフェンス力が求められる。メンバー構成によって、成功率の高い方を選択しよう。

POINT 2 ドリブルのコースを限定し時間をかけさせる

ボールマンに中央側へドリブルされると、パスコースが多くボールをつながれる。トラップを成功させるためには、サイドラインに沿ってドリブルさせる能力が必要だ。間合いを詰めた状態で、サイドステップで中央へのコースを消しながら、時間をかけさせる。

POINT 3 ボールマンの背後からマークにつく

2人目のディフェンスは、ドリブルするボールマンの後方からマークにつく。これによりドリブルで反転して抜き去る選択肢もなくなり、リターンパス以外のプレーを全て封じることができる。ダブルチームをしかけるタイミングが遅れると、失敗するので注意。

PART 5　ゾーンプレス① 1-2-1-1

バックコートをゾーンで守りボールを奪う

CHECK POINT!
1. 1-2-1-1のポジションをとる
2. パスの受け手にダブルチーム
3. 失敗したら自陣に戻る

敵陣内を人数をかけてディフェンスする

　ゾーンプレスは、バックコートでボールを奪いに行く守備戦術だ。トラップとの違いは、人をマークするのではなくエリアを守る点。エリアを分担してディフェンスするので、ポジションが明確になっている。そのため、ディフェンスシステムをすぐさま切り替えられる。
　なかでも1-2-1-1の布陣は、**敵陣深くに3人の選手を並べるので素早くプレッシャーをかけることができる**。パストラップと同じポイントでインターセプトすることが狙いで、ボールを奪えれば即得点できる。失敗した場合には、素早くフロントコートに入ってマンツーマンディフェンスやゾーンディフェンスでゴールを守り、ファーストブレイクを防ぐ。

POINT 1 相手ゴール下から 1-2-1-1で選手が並ぶ

　ゴール下に1人、インサイドの両ワキに2人、センターラインをはさんでバックコートとフロントコートに1人ずつ選手が入って守る。ボールがコートに入ったら、パスの受け手にダブルチームでプレッシャーをかけ、逆サイドの②がインターセプトを狙う。

+1 プラスワン アドバイス
相手に引っ張られず守るゾーンプレスのメリット

　ゾーンを守るシステムであるため、オフェンスが前に走ってもポジションを変えない。カットに引っ張られないディフェンスをすることで、オフェンスがボールから離れられない状況をつくれる。多くの選手を陣内に留まらせることができる有効な守備戦術だ。

POINT 2 ファーストパスと同時に ダブルチームをしかける

　ベースラインからのファーストパスに合わせて、ダブルチームをしかける。同時に逆サイドのディフェンスがゴール下に入って、インターセプトを狙う。バックコートでのプレーはパストラップと同じだが、フロントコートにディフェンスが1人入っている点に違いがある。

POINT 3 インターセプトできなかったら ハーフコートディフェンスに変更

　ボールを奪えなかったら、素早くフロントコートに戻ってマンツーマンやゾーンに切り替える。オフェンスをバックコートに留まらせている状況なので、ワンパスで運ばれることは少ない。しかし、ボールマンをピックアップしてオフェンスの進行をとめる努力は続ける。

PART 5　ゾーンプレス② 2-2-1

コツ 50
2列目からあがってインターセプトする

CHECK POINT!
1. バックコートで四角形にポジショニング
2. ヘルプサイドからあがってボールカット
3. ボールサイドはディナイでパスを封じる

 ドリブルに合わせてポジションをあげて奪う

　バックコートの4人が四角形を描くようにしてポジションをとり、フロントコートに残りの1人が入るゾーンプレスが2-2-1だ。ボールマンがドリブルを開始したらダブルチームでプレッシャーをかけて、**バックパスしたところを2列目の選手がポジションをあげてパスコースに入り、インターセプトする守備戦術**。いわばドリブルトラップを、ゾーンプレスで行うディフェンスシステムだ。

　またゾーンプレスには、オフェンスのポジションを崩す効果もある。そのためリターンパスを通されたとしても、相手は素早い攻撃をしかけられない。とはいえリスクはあるので、失敗したら素早くフロントコートに戻って守備しよう。

POINT 1 バックコートでボックス型にポジショニング

バックコートでインサイドに2人、センターライン付近に2人が立ちボックス型にポジションをとる。残りの1人はフロントコートに入る。ボールマン①がドリブルを開始したらダブルチームではさみ、2列目のヘルプサイドの選手がポジションをあげる。

+1 プラスワン アドバイス
ラン&ガンを得意とするチームに効果的

ゾーンプレスには、ハーフコートオフェンスのポジションを崩す効果もある。ボールをつながれても、相手チームにポジションをとり直す手間をかけさせることができるので、素早い攻撃を封じられる。ラン&ガンを得意とするチームにしかけると特に効果的だ。

POINT 2 ヘルプサイドの二列目がインターセプトする

ボールマンにダブルチームでついたら、2列目のヘルプサイド側の選手がポジションをあげて、リターンパスのコースに走り込む。タイミングをはかりながらあがっていき、パスが出た瞬間にダッシュしてインターセプト。ボールを奪ったらそのままシュートする。

POINT 3 ボールサイドの二列目はディナイでタテパスを切る

サイドラインに沿ってドリブルするボールマンが、タテにパスを出す可能性があるので、ボールサイドの二列目の選手がディナイしてパスの選択肢を消す。これにより前に展開するプレーを全て封じ、バックパスを出さざるを得ない状況をつくることができる。

おわりに

　モーションオフェンスに取り組むことには、チームの力を高めることに加えて、状況判断ができる選手を育成する効果があります。チームのルールとなる戦術を理解しながら、ゲームの展開に合った選択をする必要があるからです。

　自分で考えて動作すれば、フリーをつくるためのプレーやタイミング、シュートまでの最短ルートを見極めるなどの能力、いわゆる「バスケットIQ」が向上します。早い内から身につけることができれば、どのようなチームのなかでも輝ける選手へと成長していけるのです。

　バスケットIQを高めることで、チーム戦術に加えて1対1の力も得られます。狭いコートで勝負するバスケットでは、対峙する相手との攻防に、周りの動きが関係してきます。セオリーを理解することで、味方のカットを使ってディフェンスの重心を崩すなど、駆け引きで優位に立てるようになるのです。戦術理解を深めて、1対1のテクニックにフィードバックしましょう。

　1対1は世界に比べて日本が劣っている部分ですので、力のある選手が現れて、日本のバスケットを上のレベルへと高めてくれることを期待しています。戦術理解度が高く、多く役割をこなせるオールラウンダーを目指してバスケットに取り組んでください。

筑波大学バスケットボール部監督

吉田　健司

監修者紹介

吉田 健司

筑波大学卒業後、東芝のバスケットボール部に入団し、1部昇格に貢献。引退後、スタッフを経て同チームのヘッドコーチに就任し、1999-2000年シーズンにはオールジャパンと日本リーグの2冠を達成。1996-1997年、1999-2000年シーズンにJBLコーチ・オブ・ザ・イヤーを受賞した。また2001年から2003年まで、男子日本代表チームのヘッドコーチを務めた。2004年に退社し、母校である筑波大学バスケットボール部の技術顧問に就任。その後コーチを経て2006年より監督として指揮を執り、2014年から2016年まで全日本大学バスケットボール選手権（インカレ）で3連覇を達成する。オールジャパン、トップリーグ、インカレでチームを優勝に導いた監督は日本人で初めてである。また同大学の准教授としてバスケットの競技力向上に関する研究に取り組み、その傍ら執筆や講演、試合解説といった活動も精力的に行っている。

モデル紹介

筑波大学バスケットボール部

1927年に創部された歴史あるバスケットボール部で、1974年に現在の名称となった。全日本総合選手権大会(オールジャパン)1回、全日本大学選手権大会4回、関東大学選手権大会7回、関東大学リーグ戦10回の優勝を誇る名門チーム。

STAFF

カメラ	柳太
デザイン	居山勝
イラスト	都澤昇
編集	株式会社ギグ(長谷川創介)

バスケットボール　必勝戦術バイブル
〜セットプレーの基本と実践〜

2019年8月10日　第1版・第1刷発行

監修者　吉田　健司（よしだ　けんじ）
発行者　メイツ出版株式会社
　　　　代表者　三渡　治
　　　　〒102-0093 東京都千代田区平河町一丁目1-8
　　　　TEL：03-5276-3050（編集・営業）
　　　　　　　03-5276-3052（注文専用）
　　　　FAX：03-5276-3105
印　刷　株式会社厚徳社

●本書の一部、あるいは全部を無断でコピーすることは、法律で認められた場合を除き、著作権の侵害となりますので禁止します。
●定価はカバーに表示してあります。
© ギグ,2013,2019.ISBN978-4-7804-2230-6 C2075 Printed in Japan.

ご意見・ご感想はホームページから承っております。
メイツ出版ホームページアドレス http://www.mates-publishing.co.jp/

編集長：折居かおる　副編集長：堀明研斗　企画担当：大羽孝志/堀明研斗

※本書は2013年発行の『試合で勝つ！バスケットボール　究極の戦術』を元に加筆・修正を行っています。